Theatrum
Cogitatiocum

思想剧场

性经验史

自我的关心

一第三卷一

**Michel
Foucault**

〔法〕米歇尔·福柯 ——
著

佘碧平 ——
译

上海人民出版社

目录

第一章

梦见他的快感

我将着手分析一篇非常特别的文献。这是一本"实践的"和日常生活的著作，其中没有道德反思或道德规范。在至今尚存的这一时代的文献中，唯有它杂乱无章地罗列了各种不同形式的性活动；而且它也没有对这些性活动给予直接的和明确的道德判断。但是它却展示了种种普遍接受的判断图式。我们可以看出，这些判断图式非常接近古典时代性快感的道德经验所遵循的一般原则。其中，阿尔泰米多尔的著作是一个标志。它见证了某种永恒性。它代表了一种流行的思想方式。通过它，我们还可以大致了解这个时代关于快感和性行为的哲学思想或医学思想有哪些新颖和特别之处。

一

阿尔泰米多尔的方法

阿尔泰米多尔的《梦幻的秘诀》是至今尚存的唯一一本完整而丰富的古代文学作品：它是有关占梦术的。阿尔泰米多尔是在公元 2 世纪撰写这本书的，他还引用了当时仍然流行的许多著作（其中有些已属古籍了）：埃菲斯的尼科斯特拉特 ① 和哈里卡尔纳斯的潘亚西斯 ② 的著作、特尔麦梭斯的阿波罗多尔 ③ 的著作，还有安提奥什的费比斯、④ 海里奥波里斯的邓尼斯、⑤ 自然主义者美多斯的阿历山大 ⑥ 的著作。他在书中还表达了对特尔麦梭斯的阿历山大 ⑦ 的敬意。此外，他参考过蒂尔

---

① 阿尔泰米多尔：《梦幻的秘诀》，I，2。
② 阿尔泰米多尔：《梦幻的秘诀》，I，2；I，64；II，35。
③ 阿尔泰米多尔：《梦幻的秘诀》，I，79。
④ 阿尔泰米多尔：《梦幻的秘诀》，I，2；II，9；IV，48；IV，66。
⑤ 阿尔泰米多尔：《梦幻的秘诀》，II，66。
⑥ 阿尔泰米多尔：《梦幻的秘诀》，I，67；II，9；II，66。
⑦ 阿尔泰米多尔：《梦幻的秘诀》，I，31；IV，23；IV，24。

的热米罗斯的三本论集、法勒尔的德美特里奥的五本著作和米利都的阿尔泰蒙的二十二本书。[①]

这本书是献给卡西尤斯·马克西米斯的（也许是给蒂尔的马克西美或者他的父亲，[②] 后者一直努力"不让他的科学遭人遗忘"）。在题献词中，阿尔泰米多尔申明他"只是不分昼夜地"忙于梦的解析。[③] 他这种夸张的说法是否是一种套话？也许是。无论如何，阿尔泰米多尔根本不是要把被现实证明的睡梦征兆的最著名的例子编辑起来。他着手写了一部方法论著，它有两方面的意义：它在日常实践中应该是一本实用手册；它还应该是一本有关解释程序的有效性的理论著作。

我们不应忘记，分析梦幻是生存技术的一部分。因为睡眠中的印象（至少其中有一些）被认为是现实的表征或者是未来的信息，破译它们是有很大价值的：一种理性的生活不能没有这一任务。这是一种非常古老的民间传统，也是一种在有教养的人中广为接受的习惯。如果说向无以数计的专业人员陈述夜里的梦境是必要的话，那么自己能够解释这些梦境也是好的。重要的证据无以数计都表明把梦解释为生活实践的分析是重要的，它不仅在一些重要的情况下，而且在日常事物的过程中，都是不可或缺的。因为是诸神在梦中给予人们忠告、建议，或

---

① 阿尔泰米多尔：《梦幻的秘诀》，I，2；II，44。

② 参见 A.-J. 费斯杜热尔：《法译本导论》，第9页；以及 C.A. 贝尔：《阿尔柳斯·阿里斯蒂德和神圣寓言》，第181页及次页。

③ 阿尔泰米多尔：《梦幻的秘诀》，II，结论。

明确的命令。不过，既然梦只是宣示了一次事件，又没有规定人们怎么去做，既然人们认为未来将要发生的事件是不可避免的，那么预先认识一下理应来临的事情并且做好准备也是好的。阿基勒·塔蒂乌斯在《留西伯和克里托芬的历险》中说："神通常都喜欢在梦中向人指点未来，这倒不是让人逃避厄运，因为没有哪个人能够强过命运。而是为了让人更易于忍受他们的痛苦。因为即将发生的事完全是突如其来的，无人预料得到，它一下子就无情地打垮了和吞没了人的精神；而如果人在面临这一切之前就有所预料，那么这就可以让他逐渐地适应变化，减轻痛苦。"[①] 以后，西涅西奥斯提出了一种完全传统的观点和解释，因为他告诫大家，我们的梦构成了一种"与我们同在"的神谕，"当我们旅行、战斗、履行公务、下田干活和做生意时"，它陪伴着我们。人们必须把梦视为"一种总是即将发生的预言，一种持续不断的和默不作声的忠告"。因此，我们都必须努力去解释我们的梦，不论我们是谁，"是男人还是女人，是年轻的还是年老的，是富人还是穷人，是平民还是官员，是城里人还是乡下人，是工匠还是演说家"，这里没有什么"性别和年龄、财富和职业"的特权。[②] 正是秉持这一精神，阿尔泰米多尔写了《梦幻的秘诀》一书。

对于他来说，最根本的是要详细地向读者指出如何去做：

---

① 阿基勒·塔蒂乌斯：《留西伯和克里托芬的历险》，I，3。
② 西涅西奥斯：《论梦》，德鲁翁译，15—16。

如何把一个梦分解成各个要素，并且对它作出判断呢？如何从这些要素出发解释整个梦，并且在破译每个部分时考虑到这个整体呢？阿尔泰米多尔将它与祭司的预见手段作了富有意义的比较："对于一个个被分析的所有符号，祭司们知道其中每一个的相关物是什么。"但是，他们"对于整体的解释并不少于对每个部分的解释"。① 因此，这是一部"旨在解释"的论著。大致说来，它不是以有关梦的预言奇迹为中心，而是关注能够让梦正确地说出自身意义的"手段"（techne）。这本著作适用于许多不同类型的读者。阿尔泰米多尔想为各种释梦专家提供一种工具，这就是他用来吸引儿子的希望，而且其中第 4 卷和第 5 卷是写给儿子的：如果他"把这本书置于书案之上"，好好保存，那么他会成为"一位最好的释梦者"。② 他同样希望帮助那些对所尝试过的错误方法感到失望、又想摆脱这一非常宝贵的实践的人：为了反对这些错误，这本书将是一本有益身心的治疗措施（thera peia soteriodes）。③ 但是，阿尔泰米多尔还考虑到"所有"需要初步知识的读者。④ 总之，这是他想呈送给大家的生活指南，它是对于生存及其环境实用工具：他给自己的分析所制定的"规则及其应用与生活的规范是相同的"。

---

① 阿尔泰米多尔：《梦幻的秘诀》，I，12 和 III，结论。
② 阿尔泰米多尔：《梦幻的秘诀》，IV，前言。
③ 阿尔泰米多尔：《梦幻的秘诀》，献辞。
④ 阿尔泰米多尔：《梦幻的秘诀》，III，结论。

如果把阿尔泰米多尔的著作比作阿里斯蒂德的《演说》，那么这一"日常生活指南"的特征就很明显了。因为阿里斯蒂德是一位焦虑的病人，很多年里他都注意神在他变化起伏的生病期间传递给他的各种梦和无以数计的治疗方法。我们可以注意到，在阿尔泰米多尔那里，几乎没有给宗教奇迹留下任何地盘。与同类的其他著作不同，阿尔泰米多尔的著作不依赖于文化治疗的实践，即使他在一个传统的说法中提到"他的祖国的神"达尔蒂斯的阿波罗鼓励他，来到他的床边，"几乎是命令他写出这本书"。① 而且，他仔细地揭示出他的工作与蒂尔的热米罗斯、法勒尔的德美特里奥和米利都的阿尔泰蒙等人的占梦术的差别，后者只是记载了萨拉庇斯给出的一些处方和治疗方法。② 阿尔泰米多尔所说的做梦的人，不是一个首先关注上面的命令的忧心忡忡的老实人，而是一个"普通的"人：通常是一个男人（女人的梦都是一些可能的变种，因为性别的不同，梦的含义也不同），一个有着家庭、产业、职业（经商，有一个店铺）的男人，他通常还有仆人和奴隶（但是在假想的情况下，他是没有这些的）。除了健康之外，他主要担心的是周围人的生与死，他的事业成功，他的富裕和贫穷，他的孩子们的婚事，他在城邦中承担的职责。总之，他是一个中等的病人。阿尔泰米多尔的著作揭示了一种普通人的生活方式和忧虑的形式。

---

① 阿尔泰米多尔：《梦幻的秘诀》，II，结论。
② 阿尔泰米多尔：《梦幻的秘诀》，II，44。

但是，这本书还有一个理论目标，这就是阿尔泰米多尔在给卡西乌斯的献辞中所说的：他想批驳占梦术的反对者，说服那些根本不相信这些占卜形式可以破译和预示将来征兆的怀疑者。阿尔泰米多尔的信念不是通过完全展示各种结果，而是通过一套反思的研究步骤和一种方法论争树立起来的。

　　他不要求忽视以前的文本，而是用心阅读它们。但是，并不是像大家常做的那样去抄写它们。在"以往说过的话"中，触动他的不是已有的权威，而是具有丰富内容和多样性的经验。不过，他不是在某些伟大的作者那里去探寻这种经验，而是到它形成的地方去寻觅。在给卡西乌斯·马克西墨斯的献辞中，阿尔泰米多尔说过（随后他又重复过），他对自己研究的丰富内容感到自豪。他不仅仔细阅读过难以数计的著作，还耐心地博览了地中海世界的各个中心城市里解梦的人和预言家们的藏书。"对于我来说，它不仅是我获得的占梦书籍，我用它来进行重要的占梦研究，而且，尽管在公共场合谋生的占卜者受到严重的贬斥，人们对他们表情严肃，皱眉不已，称他们是江湖郎中、骗子和小丑，我却不把这种贬斥当回事，花了许多年的时间与他们交往，耐心地倾听古老的梦和它们的结局。在希腊诸城邦和泛埃及，在亚细亚，在意大利，在地中海最重要的和人口最稠密的岛屿上，实际上没有别的好方法来研究这门学科。"[1]然而，阿尔泰米多尔并不想这样传达他的全部叙述，

17

---

① 阿尔泰米多尔：《梦幻的秘诀》，献辞。

9

而是把它置于"经验"（peira）之下，对于他来说，经验是他所说的一切的"规则"和"见证"。① 因此，必须明白，他仔细地核对了各种材料，将它们与其他资料进行比较，与自己的实践进行对照，并对它们进行梳理和论证。这样看来，他既不是"凭空"说话，也不靠"简单的推测"来下结论。于是，我们不难认识到代表这个时代特征的核查和"证实"的研究步骤、概念（如"历史""经验"）和形式，它们多少都受到怀疑思想的直接影响，此外，还有根据自然史的要求或医学的要求所进行的知识汇总。② 阿尔泰米多尔的著作对于反思广泛的古代文献资料有着极大的好处。

在一篇类似的文献中，问题不是找出规范性行为的严格道德或者新的要求，而是揭示当时理解性行为的流行方式和广为接受的态度。当然，这篇文本并不缺少哲学的思考，我们从中可以发现有关当时各种问题和争论的相当清楚的资料，但是，它们涉及的只是解释的步骤和分析的方法，无关价值判断和道德内容。各种解释所涉及的材料、所讨论的有征兆的梦境、所预言的处境和事件，都属于一种共同的和传统的领域。于是，人就会在阿尔泰米多尔的这篇文本中寻求作为一种散布

---

① 阿尔泰米多尔：《梦幻的秘诀》，II，结论。

② R.J. 怀特在阿尔泰米多尔这本书的英文版序言中强调了经验论与怀疑论对阿尔泰米多尔的影响的多种痕迹。但是，A.H.M. 克塞尔斯（《古代的梦幻分类系统》，默内莫苏内，1969 年，第 391 页）断言阿尔泰米多尔只是一个解释他日常需要对付的梦的实践家。

很广和源远流长的道德传统的证明。但是，还必须记住，若是文献的内容丰富，若是它列出了一个梦中性行为和性关系的图表，比同时代的任何其他著作都要周详，那么无论如何，它都不是一部以阐述对这些行为和关系的判断为首要目标的道德论著。人们唯有以间接的方式，通过破译各种梦，才能搞清楚对这些梦境和行为的评价。各种道德原则不是为自己设置的，人们只有通过各种分析的方式才能认识到它们：即对各种解释进行再解释。这一点要求人暂时停留在阿尔泰米多尔使用的释梦步骤上，以便随后能够破译出潜藏在对性梦的各种分析之后的道德。

1. 阿尔泰米多尔区分了两种夜间幻觉形式。存在着各种梦（enupnia）；它们表现了主体的实际心情，它们"伴随着灵魂的活动"：他恋爱了，他渴望爱人的出现，于是他梦见了爱人；或者，他缺少食物，感到饥饿，于是他梦见了自己正在吃东西；或者"吃得太饱的人梦见自己在呕吐或胸闷"；[1] 或者害怕敌人的人梦见他们包围了自己，这种形式的梦有着一种简单诊断的价值，它是以现实（从现在到现在）为基础的；它向睡梦中的主体表现了他的状态，说明了身体中缺了什么或多了什么，灵魂中害怕什么或渴望什么。

不过，各种梦（oneiroi）是不同的。阿尔泰米多尔轻易就在他提出的三个"词源"中找到了它们的本性和功

19

---

① 阿尔泰米多尔：《梦幻的秘诀》，I，1。

能。"oneiros"是指"说出存在的东西"（ce qui to on eirei）。它说出已在时间链中并在或远或近的将来出现的事情。它还触及灵魂并且激发灵魂，这就是"oreinei"。梦改变了灵魂，培育和塑造了灵魂；它支配了灵魂，引发灵魂产生了各种符合梦象的运动。最后，"oneiros"还有伊达克的乞丐伊罗斯的名字的意思，他传递着别人告诉他的信息。① 因此，"enupnion"和"oneiros"是相互对立的；前者说的是个人，后者说的是世间的事件；一个源自身体和灵魂的各种状态，另一个预示着时间链的展开过程；一个揭示了在欲望和厌恶中过多与过少的互相作用，另一个则指示灵魂，同时又塑造灵魂。一方面，各种欲望之梦说出了灵魂的现实状态；另一方面，各种存在之梦说出了世界上的未来事件。

20 第二种划分向这两个"夜间幻觉"范畴引入了另一种区分的形式：一种是以透明的方式出现的清晰的梦象，无需分析和解释，另一种只是以象征的方式出现，其梦象的含义与它们最初的表象是不同的。在有关自身状态的梦中，欲望可能通过它容易辨认的对象而展现出来（有人在梦中看到了他所渴望的女人）；但是它也可能通过另一种有着与被质疑的对象或远或近的关系的梦象而展现出来。在有关事件的梦中，也有相似的差异。其中某些梦直接预示着未来要发生的事情。如果有人梦见船只沉没，那么不久他就要遇上船舶失事；如果有人梦见自

---

① 阿尔泰米多尔：《梦幻的秘诀》，I，1。参见《奥德赛》，XVIII，7。

己被武器打伤，那么他明天就会受伤。这些都是"定理性的"梦。但是，在另一些情况下，梦象与事件的关系是间接的。如船舶触礁可能指的不是失事，甚至不是不幸，如果是奴隶做了这个梦，那么这就意味着他将获得解放。这些都是"寓意性的"梦。

然而，这两种区分之间的相互作用给释梦者提出了一个实际问题。假定睡眠中出现了一个梦象，那么如何确认这是有关自身状态的梦，还是有关事件的梦呢？如何确定梦象直接说出了它所要揭示的事情，或者是否必须认定它传达了另外一种事情呢？在《梦幻的秘诀》的第四卷的前几页中提出这一困难之后，阿尔泰米多尔强调了探询做梦主体的重要性。当然，他认为有关自身状态的梦无法出现在"有德性的"灵魂之中。因为后者知道怎样控制它们的非理性的运动、它们的激情——欲望或恐惧，它们还知道怎样使自己的身体在需求与过剩之间保持平衡。因此，对于它们来说，没有必要把各种困扰和这些"梦"（en-upnia）当作心情的表现。而且，道德家们经常提到的一个论题是，德行就是去除在睡眠中表现身心不自觉的欲望或运动的梦。塞涅卡说："入睡的人所做的梦与他的白天一样嘈杂。"[1]普鲁塔克依据芝诺的说法，提醒众人注意，不再梦见从不诚实的行为中获取快感才是进步的征兆。他提到了这些有足够的力量在夜里与自己的激情战斗并抵制它们的主体。但

21

---

① 塞涅卡：《给鲁西里乌斯的信》，56，6。

是，由于在夜里"摆脱了舆论和法律的束缚"，他们不再感到有什么羞耻，这样，他们心中的不道德的和下流的念头就浮现出来了。①

无论如何，对于阿尔泰米多尔来说，有关状态的梦（rêve）可以采取两种表现形式：在许多人那里，欲望或厌恶是直接展现的，毫无掩饰；但是，它们只在那些知道如何解释自己梦的人那里才表现出各种征兆。这就是说，他们的灵魂"以更加人为的方式与他们玩花招"。因此，一个没有经验的人将会根据占梦术在梦中看见自己想得到的女人，或者看到他该死的老师死掉。而专家多疑的或聪明的灵魂将会拒绝向自己展现他陷入其中的欲望状况，而是诉求于诡计。随后，做梦者不再简单地看到想要得到的女人，而是看到代表女人的某种梦象，如"一匹马、一面镜子、一艘船、大海、母兽、一件女装"。阿尔泰米多尔援引了这位科林特的描绘者的话。毫无疑问，他的灵魂是精于此道的，它在梦中看到了自家屋顶倒塌了，看到了自己被砍头。人们可以从中想象出未来事件的征兆。然而，这只是一个有关自身状态的梦：做梦者渴望自己的老师死掉——阿尔泰米多尔顺便解释道，他一直活着。②

至于梦（songe），怎样区分透明的和"定理性的"梦，以及以寓意的方式预示一个与自身所显现的不同的事件的梦

---

① 普鲁塔克：《一个人怎样知道他在德性上的进步》，12。
② 阿尔泰米多尔：《梦幻的秘诀》，IV，序言。

呢？如果人们把明显要求解释的不寻常的意象单独列出来，那么清晰地预示出一种事件的意象就会立即被现实所证实：事件一点不差地随后而到。定理性的梦直达它所预示的对象，没有给解释留下任何可能的借口和必要的延迟。因此，寓意性的梦就不难识别，因为它们无法直接实现，所以人们应该通过解释来把握它们。此外，有德性的灵魂是不做梦（rêve）的，它们只有梦（songe）*。因而，它们只认识清晰的定理性梦。阿尔泰米多尔不需要解释这种特权：这是一种传统，它使得诸神可以直接告诫纯洁的灵魂。我们都记得柏拉图在《理想国》中说过："当他平息了灵魂的这两个部分（欲望的部分和恼怒的部分）并且激发起它的第三个部分（智慧）之后，他最终睡着了，你知道，这也就是说，在这些条件下，灵魂最可能达到真理。"① 在阿芙罗狄西亚的夏里顿的小说中，当卡利尔奥埃将要完成对他的考验时，当她保持贞节的长期斗争将有回报时，她有了一个"定理性的梦"，它预示了小说的结构和保佑她的女神的显灵和承诺："她在叙拉古扎还是一个童女，前往阿芙洛狄特的庙堂，然后在回家的路上看见了谢里亚斯，在这之后，到了婚礼那天，整个城市都披上了花环，她在父母的陪伴下来到了未婚夫的家中。"②

---

* 在希腊神话中，梦（songe）是神、天使式精神之物的显现，它们宣告即将发生的事件，向某个人揭示一些东西，赋予他一个"使命"。它可以是一种清醒时的意象。而梦（rêve）是睡眠时出现的意象。——译者注

① 柏拉图：《理想国》，IX，572a—b。

② 阿芙罗狄西亚的夏里顿：《夏雷阿斯与卡莉尔奥埃历险记》，V，5。

我们可以根据阿尔泰米多尔所建立的各种形式的梦、它们的指示方式和主体的存在方式之间的关系列出图表来：

在有德性的灵魂中		有关状态的梦（rêve）		有关事件的梦（songe）	
		直接的	象征的	定理性的	寓意性的
		从来没有过		象征的	
	精通占梦术的		象征的		
在普通人的灵魂中	没有经验的	象征的			象征的

这一图表中最后一种情况是有关出现在普通人灵魂中的事件的寓意性的梦。它界定了占梦术的工作领域。这是可能作出的解释，因为不存在透明的梦象，而只有转喻其他事情的意象；这也是有用的解释，因为它使得人们可以为并非立即到来的事件做好准备。

2. 对梦的寓意的分析使用的是相似性方法。阿尔泰米多尔多次提起：占梦术是以相似律为基础的，它是通过"相似物与相似物的接近"来进行的。①

阿尔泰米多尔是从两个方面使用这种相似性的。首先是梦象与它所揭示的未来要素之间在本质上的相似性。为了发现这种相似性，阿尔泰米多尔利用了不同的手段：性质相同（梦见周身不适可能意味着未来的健康或运气"不佳"；梦见污泥意

---

① 阿尔泰米多尔：《梦幻的秘诀》，II, 25。

味着身体充满了有害的物质）；用词相同（公羊指的是命令，因为"krios"和"kreion"是一对）；[1] 相似的象征（梦见狮子象征着运动员的胜利；梦见暴风雨象征着灾祸）；一种信仰、一种大众格言和一种神话学主题（因为卡利斯托·阿尔加蒂安的缘故，熊指的是一个女人）[2] 属于同一个存在范畴［婚姻与死亡可以在梦中互相指证。因为这两者都被看成是生活的目的（目标或结局）］[3] 相似的实践（"为一位病人娶一位处女意味着死亡，因为所有婚礼的仪式也可以是葬礼仪式"）。[4]

25

此外，还有位值上的相似性。这是一个关键点，因为占梦术的作用就是确定将要发生的事件是否是有利的。在阿尔泰米多尔的文本中，整个梦象的所指领域都一分为二：好的与坏的，奢华的与有害的，幸运的和不幸的。因此问题是：梦象中出现的活动如何才能用自己的价值预示将要发生的事件呢？一般的原则是简单的。若是一个梦象所呈现的活动本身是好的，那么梦象就带有一个预兆。但是，怎么衡量这一价值呢？阿尔泰米多尔提出了六个标准。所呈现的活动是否符合自然？它是否符合法律？它是否符合习惯？它是否符合技术规则（techne）——即使得某一活动达到目标的规则和实践？

---

① 阿尔泰米多尔：《梦幻的秘诀》，II，12。参见 A.-J. 费斯蒂耶尔的注释，第 112 页。

② 阿尔泰米多尔：《梦幻的秘诀》，II，12。

③ 阿尔泰米多尔：《梦幻的秘诀》，II，49—65。

④ 阿尔泰米多尔：《梦幻的秘诀》，II，65。

它是否合乎时宜（这也就是说：它是否在应当的时间和地点完成的）？最后，它的名称究竟是什么（它是否带有一个本身就是好兆头的名称呢）？"所有符合自然、或符合法律、或符合习惯、或符合技术规则、或符合名称、或合乎时宜的梦象都有好兆头，而相反的梦象都是有害的和没有益处的，这是一个一般原则。"[①] 当然，阿尔泰米多尔又立即补充道，这一原则不是普遍的，它是有例外的。它可能有价值错位。某些"内在是好的"梦象可能"外在是坏的"；梦象中所呈现的活动是有利的（如梦见与神共饮就是正面的），但是所预示的事件却是负面的（因为如果神是克罗诺斯，他被自己的儿子们捆住了，那么这个梦象表明做梦者有牢狱之灾）。[②] 还有一些梦则与之相反，它"内在是坏的"，可能"外在是好的"；如一个奴隶梦见参加了战斗，这就预示着他要获得解放，因为一个战士不可能是奴隶。因此，围绕着正面的或负面的征兆或所指，存在着一条可能变化的边界。这与一种无法克服的不确定性无关，而是涉及一个要求人们考虑到梦象（如做梦者的处境）的方方面面的复杂领域。

在接触到对性梦的分析（如阿尔泰米多尔的实践）之前，绕这样一个有点长的圈子对于把握释梦的机制和确定对性行为的道德评价是如何出现在对性梦的占卜之中的方式，是必要

[①] 阿尔泰米多尔：《梦幻的秘诀》，IV，2。

[②] 阿尔泰米多尔：《梦幻的秘诀》，I，5。

的。实际上，用这本著作作为一种直接有关性行为的价值及其合法性的文件，是不恰当的。阿尔泰米多尔没有说过干这种事是好还是坏，是道德的还是不道德的，而说的是梦见干这种事是好还是坏，吉利还是可怕。因此，人们可能得出的原则不是有关这些性行为本身，而是有关性行为者，他在梦象中代表着梦的作者，他通过梦象预示着将要发生在他身上的好事或坏事。在此，有两种重要的占梦术规则——即"说出存在"的梦和以类比方式说出未来的梦——是这样起作用的：一是梦说出了将要在现实中规定主体存在方式的事件、幸运或厄运；二是梦通过一种与作为性梦中行为者的主体的存在方式——好或坏，吉利或不吉利——的相似关系预示征兆。我们不要在这本著作中探寻一种应该做什么和不应该做什么的法则；而是揭示一种主体的伦理，它在阿尔泰米多尔的时代仍然是流行的。

二

分析

28 　　阿尔泰米多尔用了四章 讨论性梦（songe）^①——对此，
必须增加许多零散的注释。他的分析是围绕区分三种形式的
活动展开的：一是合法（kata nomon）的活动，二是违法
（para nomon）的活动，三是违反自然（para phusin）
的活动。但是分界线并不清楚：这些术语没有一个被界定清
楚。大家不知道所指的范畴是怎样被确定的，或者是否应该把
"违反自然"理解成一种"违反法律"的分支。某些活动同时
表现在两个框架之中。我们不要认定一种严谨的分类，它把一
切可能的性行为划分在合法的、违法的或违反自然的领域内。
然而，仔细地考察一下，这些组合还是有一定清晰性的。

　　1. 首先是"合法"的活动。用我们回溯历史的眼光来看，
29 这一章似乎混合了不同的东西：通奸和婚姻、嫖妓、向家中的

---

① 　第一部分，第 77—80 章。

奴隶求爱、仆人的手淫。让我们暂时把这个合法的概念的恰当意义搁置一边，因为这一章中有一段话很好地说明了分析的过程。阿尔泰米多尔提出了一般规则，即女人们是"突然进入做梦者活动的梦象。不论女人是什么，不论她处于何种状态，她的活动只是把做梦者置入这种状态之中"[①]。必须明白，对于阿尔泰米多尔来说，决定梦的预言意义，从而在某种程度上决定梦中行为的道德价值的，是伴侣的状况，而不是活动本身。人们必须从广泛的意义上理解这种状况：它是"另一个人"的社会地位；他是否结婚，是自由人还是奴隶；他是年轻人还是老年人，富裕还是贫穷；他的职业，他与人交往的地方，他所占有的相对于做梦者的位置（妻子、情妇、奴隶、年轻的被保护者，等等）。这样，在其表面的混乱下，我们不难理解这篇文本展开的方式：它是根据伴侣们的地位、他们与做梦者的关系和交往地点来排列各个可能伴侣的顺序的。

书中提出的三个最早的人物再现了我们可以接触到的三个妇女范畴的传统系列：妻子、情妇和妓女。梦见与自己的妻子发生性关系，这是一个有利的征兆，因为妻子与职业、专业有自然相似性的关系。像在职业和专业之中一样，人对妻子实施了一种公认的和合法的行为。人从妻子身上得到的好处如同从事业发达中获利一样，他从性交中获得的快感预示着他将从职业利益中获得快感。在这一方面，妻子与情妇没有任何分别。

30

---

① 阿尔泰米多尔：《梦幻的秘诀》，I，78。

但是，妓女的情况则不同。阿尔泰米多尔作出的分析相当奇特：作为人们获得快感的对象，女人有着一种正面的价值。而她们——在常用词汇中，有时被称作"女工们"——是被用来提供这些快感，她们"奉献自己，毫不拒绝"。然而，光顾这种女人还是有"某种羞耻"的——既羞耻又浪费。毫无疑问，这种羞耻感使梦象所预示的事件的价值打了折扣。但是，正是卖淫场所引入了一种负面价值。这有两个理由。一个是语言学方面的：若是妓院是用一种表示作坊或商铺（ergasterion）的术语来指示的——它包含着各种有利的意义，那么像公墓一样，大家也称它"公共场所"和"公共地点"。另一个理由涉及在哲学家和医生们的性伦理中常被提及的一个要点：即无谓地浪费和消耗精液，无法获得后代（唯有妻子能够确保后代）。对于这两个理由来说，梦中嫖妓可能预示着死亡。

为了补充妻子—情妇—妓女这一经典三部曲，阿尔泰米多尔还提到遇到的女人。因此，梦对未来的价值就在于它所呈现的女人的社会"价值"：她是否富有，她打扮漂亮、穿金戴银吗？她是否愿意？这种梦许诺了某种有利的东西。若她是又老、又丑、又穷的女人，若是她没有献身，那么梦就是不利的。

31　　　家庭则提供了另一类性伴侣的范畴——仆人和奴隶。这里，大家都是处在直接财产的层面上：这不是通过奴隶与财富的相似性，其实奴隶全都属于财富。因此，梦见从这类人身上享用快感自然就意味着做梦者"从自己的所有物中获得快感，他可能变得更加伟大和更加出色"。人们行使权利；人们从自己的产业中获利。有利的梦在于它实现了一种社会地位和一种合法性。当然，无论性伴侣的性别如何，是少女还是小伙子，关键在于它是奴隶。相反，阿尔泰米多尔强调了一种重要区分：做梦者在性行为中的位置，他是主动的还是被动的呢？听命于他的奴仆，在梦中颠覆了社会等级制，这是一个坏兆头，预示着人将会受到来自奴仆方面的损害或者受到轻视。阿尔泰米多尔在证实这不是一种违反自然的错误，而是一种对社会等级制的损害和一种正当的力量关系的威胁的同时，还顺便解释了梦（songe）的负面价值，其中做梦者被敌人或自己的亲兄弟（平等已被打破）所控制。

其次是关系组。若是梦见与一个熟悉的女人发生了性关系，而且她尚未结婚又很富有，那么这个梦就是吉利的。因为一个女人提供的不仅是她的身体，还有"与她身体相关的"东西，她随身所带的东西（服装、首饰，还有她所拥有的一切物质财产）。相反，若是这个女人是已婚的，那么这个梦就不吉利了，因为她受制于她的丈夫。法律禁止别人接近她，严惩通奸。因此，做这种梦的人将来必然会受到同样的惩罚。若是梦见与一个男人发生了性关系，那么结果会怎样呢？如果做梦者是一个女人（该书极少讨论女人的梦），那么无论如何这个梦都是吉利的，因为它符合女人自然的和社会的角色。如果是一个男人梦见被另一个男人占有，那判别这个梦是否吉利将取决于双方的地位：若是被比自己更老、更富有的人占有，那么梦就是吉利的（这预示着会有礼物）；若是对方更年轻、更穷——或者只是更穷，那么梦就是不吉利的，它预示着要破财。

最后一组符合法律的梦有关手淫。这些梦与奴役主题紧密相关：因为这是自慰行为（手作为仆人是听从主人使唤的），因为把奴隶"绑在树干上"鞭打这个词同样也指勃起。若是一个奴隶梦见自己手淫他的主人，那么他实际上将受到主人鞭子的惩罚。由此，我们看到"符合法律"的梦的内容是极其丰富的：除了与其他男人的主动的或被动的关系和手淫外，它还包括夫妻性行为、与情妇的关系。

2.相反，被阿尔泰米多尔视为"违法的"领域本质上是由乱伦构成的。① 乱伦在狭义上是指父母与子女之间的关系。至于兄弟与姐妹之间的乱伦，若是它发生在兄妹之间，那么它就属于父女关系的范畴。两个兄弟之间的乱伦则相反，阿尔泰米多尔对把它归入"kata nomon"（合法）的领域还是"para nomon"（违法）的范围，似乎有点迟疑不决。总之，他把它归在这两个范畴之内。

当父亲梦见与自己的女儿或儿子发生性关系，那么其意义在实践上总是不吉利的。从直接的身体原因来看：若是孩子太小——不到 5 岁或 10 岁，这一行为所造成的身体创伤预示着他要死或生病。若是孩子较大，这个梦还是不吉利的，因为它

---

① 阿尔泰米多尔：《梦幻的秘诀》，I，79—80。

玩弄的是不可能的或致命的关系。从他的儿子那里获得快感，"浪费"他的精液，这是一种无益的行为：只是白白地消耗而无法获益，这预示着他要大大地破费一番。与儿子发生性关系，这必然是坏兆头，因为当儿子长大后，他与父亲共同生活在一个家里，谁都想发号施令，不可能不发生冲突。只有在一种情况下，这种梦才是好的：当父亲与儿子一起旅行，并且与儿子一起共同办事时。但是，若是在这些梦中，父亲是处在被动的位置上（无论做梦者是儿子还是父亲），那么其意义都是有害的：等级秩序、控制与主动的角色都被倒置了。儿子对父亲的性"占有"预示着敌对和冲突。① 梦见与自己的女儿发生性关系，这对父亲来说不是更好的事情。这种"浪费"预示着要大破财，因为有一天女儿将要出嫁，她会把父亲的精液带给另一个人。或者，若是女儿已经结婚，那么这种关系将预示着她将离开她的丈夫回到娘家，他将不得不供她吃穿。这种梦只在父亲穷困的情况下才是吉利的，这样女儿可能变成富人，能够向父亲提供所需的东西。②

奇怪的是，与母亲的乱伦（阿尔泰米多尔设想的总是儿子与母亲的乱伦，从没有提过母亲与女儿的乱伦）往往带有吉利的兆头，我们是否应该根据阿尔泰米多尔的预言价值与道德价

---

① 但是，必须注意到，根据第4卷第4段的一段解释，插入儿子之中而产生快感，这意味着将活下去；若是产生痛苦的感觉，那么他就要死了。阿尔泰米多尔指出，在这种情况下，决定梦的意义的是具体快感。

② 阿尔泰米多尔：《梦幻的秘诀》，I，78。

值之间的相关性原则，得出母亲与儿子之间的乱伦不是根本犯忌的事？或者，我们是否应该认为它对于阿尔泰米多尔所说的一般原则来说是他所预见到的例外之一呢？当然，阿尔泰米多尔认为母亲与儿子的乱伦在道德上是可以谴责的。但是，值得注意的是，他常常赋予它有利的预言价值，把母亲看成是大量社会关系和活动形式的原型和子宫。母亲就是职业：与她发生性关系就意味着事业上的成功和发达。母亲就是祖国：梦见与她发生关系的人可以预见自己将从流放地回到家乡，或者他将在政治生活中取得胜利。母亲还是人们出生的肥沃土地：如果一个正在打官司的人做了这个乱伦的梦，那么他将赢得有争议的财产。如果他是一位耕农，那么他将会迎来丰收。然而，这个梦对于病人却是危险的：陷入母亲—大地之中，这意味着死亡。

3. 在阿尔泰米多尔那里，"违反自然"的行为引起了两个展开系列：一个是违反自然定位（它还包括对乱伦梦象的解释），另一个是违反双方关系，其中伴侣的自身"本性"定义了行为的反自然特征。[1]

阿尔泰米多尔原则上认为自然已经为每个物种固定好了性行为的方式：各种动物从不忘记唯一的自然位置。"一些动物从后面扑在雌性伴侣身上进行性交，如马、驴、山羊、牛、鹿和其他的四足动物。另一些动物首先是拥吻，如蝰蛇、鸽

---

① 阿尔泰米多尔：《梦幻的秘诀》，I，79—80。

子、鼬、鱼中的雌性接受雄性排出的精液。"同样，人天生就有一种非常精确的性交方式：男人以面对面的方式压在女人的身上。这种方式的性交是一种完全拥有的行为：只要女人"服从"并且感到"满意"，那么男人就是"他的女人的整个身体的"主人。所有其他的位置都是"为了达到性高潮的放纵、过度和自然的剩余而作出的发明"。在这些非自然的关系中，总有关于不完善的社会关系（关系恶化、敌对）的征兆，或者不利的经济状况（人不富裕，"手头拮据"）的征兆。

在这些"不同的"性行为中，阿尔泰米多尔特别提到了口部情欲所特有的一种性行为。他的批评——这在古代是一种经常被大家认可的态度①——是严厉的：梦中所呈现的这种"可怕的行为"和"道德错误"不可能具有什么正面的价值，除非它指的是做梦者的职业活动（他是演说家、笛子演奏者或者修辞学教师）。因为这种不排出精液的实践在梦象中预示着一种无益的浪费。而不符合自然的享用随后阻碍了公开的亲吻或用餐，它预示着中断、敌对，有时是死亡。

但是，在性关系中还有其他一些不符合自然的行为方式：因为伴侣的本性所致。阿尔泰米多尔列举了五种可能性：与诸神的关系、与各种动物的关系、与尸体的关系、与自我的关系，最后是两个女人之间的关系。这最后两种不符合自然的性行为范畴要比其他范畴更加令人猜不透。与自我的关系不应被

————————

① P. 维尼：《罗马的同性恋》，载《历史》，1981年1月，第78页。

理解成手淫；它被评为"合法的"行为之一。在违反自然的与自我的关系中，成问题的是性器官插入自己的身体内，是自己亲吻自己的性器官，是口交。第一种梦象预示着贫穷、困乏和痛苦；第二种梦象则表明如果做梦者尚未有孩子，那么他将要有孩子，或者如果这些孩子出去了，那么他们会重新回来。最后一种梦想预示着孩子们将要死去，预示着人要失去女人和情妇（因为当一个人可以自我服务时，他就不需要女人了），或者他将落入极端贫困之中。

至于女人之间的关系，我们可以追问为什么它们被归在"违反自然的"行为范畴之内，而男人之间的关系则被纳入与之不同的范畴之内（在本质上被纳入合法的行为之中）。毫无疑问，原因就在于阿尔泰米多尔所坚持的性交关系的方式：一个女人通过一个很平常的人为方式，篡夺了男人的角色，非法地占有了他的位置，拥有了另一个女人。而在两个男人之间的充满男子气概的性交行为，本身并不违反自然（即使其中被动的一方可能认为这是可耻的、不体面的）。与此相反，在两个女人之间发生的类似的行为，尽管她们都寻找各种借口，却和一个男人与神或动物的关系一样是违反自然的。梦见这些行为意味着人将空忙一场，意味着女人将与自己的丈夫离异或者成为寡妇。两个女人之间的关系可能还意味着交流或认识到女性的"秘密"。

三

梦与性行为

有两个特征需要注意，因为它们标志着阿尔泰米多尔对性 梦的全部分析。首先，做梦的人总是出现在自己的梦中。阿尔 泰米多尔解释的性梦象并不构成一种纯粹简单的幻觉，即做梦 者是它的旁观者，而且它的整个过程是完全不依赖于他的。其 实他总是介入梦象之中的，而且还是主要人物。他所看到的 正是他自己的性活动：在性活动的做梦主体与他在梦中所见 到的性活动的主体之间存在着完全重叠的现象。另一方面，我 们可以注意到，阿尔泰米多尔在他的全部著作中很少谈到作为 所指要素或预兆要素的性行为和性快感，因为在梦中出现的任 何梦象都是以相对偶然的方式预示着将有一种性行为或丧失快 感。① 相反，在这三篇专章研究中，它们被分析和整理成梦的

① 在一些情况下，性的要素是以梦的所指出现的，参见第四卷，第 37、41、 　 46、66 章；还有第五卷，第 24、44、45、62、65、67、95 章。

第一章　梦见他的快感

各种成分和征兆要素。阿尔泰米多尔只是从"能指"的角度揭示了它们,几乎没有从"所指"的角度这样做过,它们是梦象而不是意义,是表征而不是所表征的事件。因此,阿尔泰米多尔的解释就处在性行为的活动者和做梦者之间的分界线之上,从主体到主体。解释的工作就是从性行为和主体在梦中代表自己的角色出发,目的在于解释一旦回到清醒的生活中,将会有什么事情发生在做梦者身上。

初看上去,好像阿尔泰米多尔的占卜总是从性梦中破译出一种社会意义。当然,有时这些梦预示了健康方面的变化——疾病或康复;有时它们是死亡的征兆。但是它们在相当重要的范围内反映了工作的成功或失败、富裕或贫困、家庭的兴旺或衰败、事业获益与否、婚姻幸福与否、争论、敌对、调和、公共事务中的好运或厄运、排斥和谴责。性梦预示了做梦者在社会生活中的命运。他在有关性的梦境中所扮演的角色预示着他将来在家庭、职业、工作和城邦中所扮演的角色。

首先,对此有两个理由。第一个理由是一般性的:它与阿尔泰米多尔重点使用的语言特征有关。因为在希腊文中——在其他语言中,不同程度上亦是如此——存在着某些术语的性含义和经济含义之间非常明显的模糊性。比如,指示身体的"soma"一词也指富裕与财产。由此,在"拥有"身体和拥有财富之间就有了等值的可能性。① "ousia"指实体,还指财

---

① 阿尔泰米多尔:《梦幻的秘诀》,II,77。关于拥有(进入)和拥有(已经获得)之间的等值,还参见 IV,4。

性经验史第三卷:自我的关心

富，但它同样是种子和精液：失去了前者，也就意味着失去了后者，反之亦然。① "blabe"（损失）一词可以与厄运、失落钱财有关，还可能意味着当事人是暴力的牺牲品，或是性行为中的被动对象。② 阿尔泰米多尔还玩弄了债务词汇的多义性：这些意味着不得不还钱和力图让自己摆脱束缚的词汇可以同样意味着受到性渴望的压抑，一旦有人能满足他，他就解脱了。被用来指示男性器官的"anagkairon"一词就是处在这些意义的交叉点上。③

　　另一个理由与阿尔泰米多尔著作的形式和特殊的目的有关：这是他为了指导人们的生活而专门写的书，我们千万不要忘记，释梦不是一件个人出于纯粹的和单纯的好奇心的事情，而是有助于管理自己的生活、为要发生的事情作准备的有用工作。因为日有所思，夜有所梦，所以要正确地指导一个人、一家之主、一家之父的生活，最好是了解怎样解释做过的梦。这就是阿尔泰米多尔著作的观点：它是负责的男人（如一家之主）根据可能预示未来生活的征兆决定自己日常行为的指南。于是，他努力在梦象中寻找这种家庭的、经济的和社会的生活网络。

41

---

①　阿尔泰米多尔：《梦幻的秘诀》，I，78。
② 　阿尔泰米多尔：《梦幻的秘诀》，I，78。还参见 IV，68。其中，若是人梦见自己变成了一座桥，那么这是指他将卖身："如果一个女人或一个美男童梦见自己变成了桥梁，那么她将要卖身，许多人要从她上面经过。"若是一个富人也有同样的梦，那么他将陷入"受人轻视和践踏"的处境。
③ 　阿尔泰米多尔：《梦幻的秘诀》，I，79；还参见 I，45。

但这还不是全部：释梦实践（如阿尔泰米多尔的实践）表明了性梦被视为、阐释和分析为一种社会场景；如果说它预示了职业、家产、家庭、政治生涯、地位、友谊和保护方面的"好与坏"，那是因为它们所呈现的性活动是由与它相同的要素构成的。根据阿尔泰米多尔所使用的分析步骤，我们清楚地看到根据成功或失败、幸运或厄运的术语对"性快感"梦的解释假定了在这两个领域里有一种同质性。而这表现在两个层面上：一是保留作为分析材料的梦的要素，二是允许赋予这些要素一种意义（一种预言的"价值"）。

　　1.阿尔泰米多尔把握的和作出中肯分析的是哪些性梦方面？

　　首先是各种人物。比如，对于做梦者，阿尔泰米多尔关注的既不是离现在较近或较远的过去，也不是灵魂的状态和一般的情绪，而是各种社会特征：他所属的年龄阶层，他是否有事可做，是否负有政治责任，是否一心想给孩子们张罗婚事，是否受到死亡威胁或者是亲属的敌视，等等。同样，梦中出现的伴侣们被看成是"各种人物"。阿尔泰米多尔的做梦者的梦境中充满了没有身体特征的个体，他们与做梦者本人也没有许多爱情的或情感的关系。他们只表现出各种社会侧面：各位年轻人、各位年长的人（他们无论如何都比做梦者更年轻或更年长），各位富人或穷人。这些都是些带来财富或要求礼物的人；这都是些奉承的或屈辱的关系；这都是些必须向他们让步的上等人，或者可以合法地从他们那里索取好处的下等人；这都是些自由的男人、已婚的女人、奴隶或者职业妓女。

至于这些人物和做梦者之间的关系，阿尔泰米多尔的清醒尤其值得注意。他关注的不是抚爱、各种复杂的技巧和幻觉，而是围绕着插入这一主要方式的各种非常简单的变化。正是插入活动构成了性实践的本质，总之，它是唯一值得牢记和对释梦有意义的东西。比起身体及其各种不同器官，比起快感及其各种性质和强度，插入活动及其一些体位的变化，尤其是它的主动与被动的两极，更是性活动的定性者。阿尔泰米多尔对他研究的梦不断提出的问题，就是要知道谁插到了谁的身体之中。做梦的主体（几乎总是男人）是主动的，还是被动的呢？他是否就是插入、支配、享有快感的人呢？如果他是与儿子或父亲、母亲或奴隶发生性关系，那么问题必然会再次出现（除非它已经得到解决）：插入活动是怎样进行的呢？或者更确切地说，在这一插入活动中，主体的体位是怎样的呢？甚至做了"搞同性恋女人"的梦也要从这一观点出发受到质询，而且只从这一观点出发。

然而，这一插入活动——性活动的核心，释梦的原材料和梦的意义中心——在一种社会场景的内部立即被察觉到了。阿尔泰米多尔首先把性活动看成是一种优越与低贱之间的游戏。插入活动把两个伴侣置入了一种控制与屈从的关系之中，其中一方是胜利者，另一方是失败者；一方大权在握，另一方只好服从。它是人们强调的地位，或者是人们忍受的条件。它是人们从中获利的好处，或者是人们让其他人接受一种处境及其利益。这就涉及了性活动的另一个方面。阿尔泰米多尔也把它看成是一种消耗和获利的"经济"游戏。获利是指人们获得的快感、感受到的愉悦；而消耗则是指性活动所必需的能量、精液这一珍贵的生命物质的损失以及随之而来的疲惫。被阿尔泰米多尔用来阐述他对梦的分析的，不是各种可能的不同姿势或者同时产生的不同感受，也不是梦境可能呈现的一切可能的画面，而是这些关于作为支配—服从的"战略"游戏和消耗—获利的"经济"游戏的插入活动的要素。

在我们看来，这些要素可能是贫乏的、模式化的，而且"性色彩不浓"。但是，必须指出，它预先就满足了对各种社会要素的分析。阿尔泰米多尔的分析带来了从社会场景中提取的人物，他们还带有社会场景的一切特征。他是围绕着一种同时包括性交方面、优越与低贱的社会关系方面和消耗与获利的经济活动方面的主要活动而对这些人物展开分析的。

2．从这些适合用来释梦的要素出发，阿尔泰米多尔将怎样确定性梦的"价值"呢？对此，必须不仅注意到带有隐喻的事件，还要留心它的"性质"，即它对主体有利与否，这是释梦的主要方面。这一方法的基本原则之一就是：梦的预言特性（预示事件的有利与否的特性）取决于预示画面的价值（梦中所呈现的活动吉利与否的特性）。然而，沿着已知的分析和例证，我们可以发现，阿尔泰米多尔认为具有"正面价值"的性行为并非总是法律允许的、舆论推崇的和习俗认可的。当然，还是存在一些大体一致的地方。梦见与自己的妻子或情妇做爱是吉利的，但是，也有一些重要的变化：做到与母亲乱伦的梦具有有利的价值，这就是其中最惊人的例子。因此，必须质疑：这种规定这些性行为的不同方式是什么呢？这些人们可以说它们在梦中和对于做梦者是"吉利的"、而在现实中受到谴责的标准是什么呢？看来，使梦中性行为具有价值的，正是做梦者的性角色和社会角色之间的关系。确切地说，在阿尔泰米多尔所发现的"有利的"和"好兆头的"梦中，做梦者根据符合他与性伴侣在和性无关的社会生活中的正当关系的图式与这同一个伴侣做爱，这就是符合规定着梦中性关系的"灵活的"社会关系。

要想有"好兆头"，梦中的性行为需要服从一种"同构性"的一般原则。大致说来，这一原则有着两种形式：一是"体位相似"的原则，二是"经济适度"的原则。根据第一种形式，吉利的性梦就在于做梦的主体在与其伴侣的做爱中的体位符合他在现实中相对于伴侣（或者同类伴侣）的地位。因此，在与其奴隶做爱（不论性别如何）时处于"主动的"地位的，都是吉利的；或者与一个妓女或男妓做爱时处于主动的地位，也是吉利的；或者与一个贫穷的男童做爱时处于主动的地位，亦是如此。但是，在与比自己年长和更富有的人做爱时处于被动地位，则是"吉利的"，等等。根据这一同构性原则，与母亲乱伦的梦就有了许多肯定的价值。实际上，我们从中可以看到主体处于相对于生养他的母亲的主动的位置，他应该反过来像对待土地、家乡和城邦那样扶养、尊重、服侍、维护和充实她。但是，要想性行为在梦中具有正面的价值，它还必须遵循一种"经济适度"的原则。这就是说，性行为带来的"消耗"和"获利"必须被恰当地调节：在数量（为了一点点快感而耗去大量的精力是不吉利的）上，也在方向（不要为那些无法复原、补偿或对己有利的人白白消耗精力）上。根据这一原则，梦见与奴隶们做爱是吉利的，他会从自己的产业中获利。此外，因为劳动而获得的利益提供了快感的好处。它也赋予了各种父女做爱的睡梦以多种意义：根据女儿是否已婚、父亲是否鳏夫、女婿比岳父是更富还是更穷，睡梦将说明这是为了嫁妆而破费，还是将获得女儿的帮助，抑或是必须在她离婚后去供养她。

综上所述，我们可以说，关于性梦的预言价值，阿尔泰米多尔解释的主线条就是把性梦分解成各种要素（各种人物和行为），它们本来又是各种社会要素。这一主线条还意味着一种根据作为梦中行为主体的做梦者维持自己社会主体的地位的方式来规定性行为的方式。在梦境中，性行为者（他一直是做梦者，而且实际上一直是一名成年男子）要想他的梦吉利，就必须维护他的社会行为者的作用（即使有时这种行为在现实中是受谴责的）。我们不要忘了，阿尔泰米多尔所分析的全部性梦都被他纳入梦象（oneiros）的范畴之内。因此，这些性梦都演示了"将要发生的事"：将要发生的变故会在梦中"宣泄"出来，这就是作为行为主体的做梦者的体位——主动的还是被动的，支配者还是被支配者，征服者还是被征服者，"在上位"

还是"在下位"，获利还是消耗，得到好处还是受到损失，处于有利境地还是惨遭不幸。性梦在插入和被插、快感和消耗的小小戏剧化活动中宣泄了命运安排好的主体的存在方式。

我们也许可以援引《梦幻的秘诀》中的一段话，它很好地揭示了性关系中作为积极主体的个人与他在社会活动领域中的定位之间的联系。这就是在该书的另一部分中一篇专门讨论身体各种不同器官在梦中的意义的文章。男性器官——即所谓的"anagkairon"（"必需的"要素，它的各种需求通过人们约束其他人的力量限制了我们）——意味着一整捆关系和活动，它们确定了个体在城邦和世界中的地位；其中反映出家庭、财富、说话行为、地位、政治生活、自由，甚至还有个人的姓名。"阴茎是与父母相似的，因为它掌握生殖的原则；与妻子和情妇相似，是因为它被同化到爱情事物之中了；与兄弟和直属亲戚相似，是因为所有家庭的起始原因都取决于阴茎；与身体的力量和活力相似，是因为阴茎也是它的原因；与演说和教育相似，是因为在所有的事物中，阴茎具有比演说更多的繁殖力量……阴茎还与获利相似，因为它时而紧张时而松弛，它可以供应或分泌（……）它还与贫穷、奴役和锁链相似，因为它被命名为'强制者'，而且它是强制的象征。此外，它还与上流阶层所期望的尊严相似，因为大家称它是'尊敬'和尊严（……），如果它是双重的，那么它表明所有的现存事物都是双重的，除了妻子和情妇外。在这种情况下，就要放弃双重阴茎，因为人们无法同时使用两个阴茎。我认识一个人，他是奴隶，曾梦见自己有了三个阴茎：他获得了自由，不再只有一个名字，而是有了三个名字，因为他被加上了把他释放的那两个人的名字。但是，这种事只发生了一次，我们不应该根据罕见的情况来释梦，而要根据最经常出现的情况来解释。"[①]

由此可见，阴茎是出现在所有这些控制游戏的交叉点上的：一是控制自我，因为若是我们让自我来束缚自己，那么它的要求有着奴役我们的危险；二是凌驾于性伴侣之上，因为插入活动就是以这种方式实现的；三是特权和地位，因为它意味着整个亲属的和社会活动的领域。

*

49　　　阿尔泰米多尔论述性梦的各章节所揭示的景象在古代是一种熟识的景象。在此，人们不难发现其他古代的或现代的证据所能表明的道德特征和习惯特征。我们所处的世界，其非常明显的特征是男性占据中心地位，以及强调阳刚角色在各种性关系中的重要性。在这个世界里，婚姻受到了充分的重视，它被视为享受性快感的最佳领域。在这个世界里，已婚男子还可以拥有自己的情妇，支配他的仆人、男童或女童，时常嫖妓。最后，在这个世界里，男人之间发生关系是正常的和理所当然的，只有某些年龄或地位的差异。

[①]　阿尔泰米多尔：《梦幻的秘诀》，I，45。

我们同样能够注意到构成法典的众多要素的存在。但是必须认识到，它们数量很少，而且相当模糊。有几种大的禁忌是以生动的厌恶形式表现出来的：禁止口交，女人之间的性关系，尤其是其中一个女人对男性角色的篡夺；对乱伦的定义非常严格，基本上被认为是长辈和子女之间的关系；提到一种自然的和规范的性活动形式。但是在阿尔泰米多尔的文本中，没有任何有关一种划分被许可的性活动和被禁止的性活动的永恒的和完整的规范叙述，也没有明确在符合自然的活动与"违反自然"的活动之间划出界线。特别是，这些法典要素似乎在确定性活动的"性质"时——至少在梦幻及其预示作用中——并不发挥最重要的和最关键的作用。

相反，通过解释的过程，我们可以看出另一种思考性活动的方式和其他一些评价的原则：它们不是从多少有些正常的性活动出发，而是从行为人、他的存在方式、他的处境、他与其他人的关系和他相对于其他人所处的地位出发的。主要的问题似乎不在于有关活动是否与一种自然结构或一种正面的条例相一致，而在于所谓主体的"活动风格"，以及他在性活动与他家庭的、社会的和经济的生活的其他方面之间建立的关系。分析活动和评价程序不是从行为到一个性经验的领域或一个肉体领域，其中神律、民法或自然法规定了它的被允许的形式。它们是从作为性行为的主体到他活动的其他生活领域。正是在这些不同的活动形式之间的关系中，存在着各种虽不是独一无二的、却是本质的有关性行为的评价原则。

50

　　我们很容易在此重新发现有关"aphrodisia"（性快感）的道德经验的各种主要特征，如同它在古典时代的各种文本中所表现的那样。阿尔泰米多尔的著作并没有表述出一种伦理，而是使用了一种观察和判断当时的性快感的方式来释梦，证明了这种经验形式的持续时间和坚固性。

　　然而，如果我们转向那些旨在反思性行为本身，并就这方面的行为和生活规范提出建议的文本，那么我们会注意到，对于在4世纪哲学中所提出的各种有关苦行的理论来说，情况已经发生了许多变化。那么，这些变化是中断、彻底的变化和一种新形式的快感经验的出现吗？当然不是。但是，各种变化是显而易见的：一种对性行为更积极的关注（更多是不安），赋予婚姻及其要求以更大的重要性，并且更少地强调男童之爱的意义。总而言之，出现了一种更加严格的风格。人们处在缓慢演变的顺序之中。但是，通过各种被展开的、被增强的和被强化的主题，我们能够察觉出另一种形式的变化：它是有关道德思想界定主体与他的性活动之间关系的方式的。

第二章

自我的教化

在公元前两个世纪的哲学家们和医生们的思想中，已经表现出一种节制：不信任快感、坚决认为滥用快感会影响身心、强调婚姻和夫妻的责任、讨厌吹捧男童之爱有什么精神意义。索拉努斯、埃费斯的鲁弗斯、穆索尼乌斯、塞涅卡、普鲁塔克、埃比克泰德、马克·奥勒留的著作就证明了这一点。此外，事实证明，基督教作家们也或明或暗地从这一道德中借用了大量东西。当今大多数的历史学家也一致同意，在这个被当代人最频繁地指责为非道德的和荒诞的社会里，这些性节制的主题不仅存在而且严格，并日益增强。让我们把这一指责是否正当的问题搁在一边：如果集中思考讨论这一节制的各种文献，以及它们赋予节制的地位，那么我们发现好像人们更多地强调"快感的问题"，确切地说，更加强调对性快感的担忧，强调大家可能与性快感发生的关系、应该享用性快感的方式。还有，更加强烈地质疑"各种性快感"。为此，大家必须试图同时把握它们的特殊方式和动机。

要理解这种新的强调，我们可以诉诸几种不同的解释。它可能与政治权力所采取的多少有些强制的某些道德化努力有关。这些努力在奥古斯都统治下特别明显，受到大力支持。在这种情况下，包括保护婚姻、优待家庭、限制纳妾和严惩通奸在内的法律措施的确伴随着一场思想运动（这也许不是完全人为的事），它反对当时宽松的气氛，提倡复归古代严格道德的必要性。不过，我们还不能仅限于这种解释。毫无疑问，在这些措施和观念中发展出最终导向一种利用制度和法律更加严格地限制性自由（无论是世俗的还是宗教的）的体制的数百年演变过程的开端。因为这些政治意图太过零散，它们的各个目标极其有限，它们对公元前两个世纪的道德反思经常表现出来的节制倾向鲜有普遍的和永恒的影响。另一方面，值得注意的是，除了极少数例外，① 道德家们所表达的这种严格化意愿没有采取要求公共权力干预的方式。我们也没有发现过，哲学家们计划对性行为实行普遍的法律约束。他们鼓励那些想过一种"与众不同"的生活的人采取更多的节制。他们并不寻求什么可以统一约束这些个人的措施或惩罚。而且，若是我们可以说这是一种强化的节制，那么这不意味着更加严厉的禁忌已经出现：首先，公元 1 世纪和 2 世纪的医学养生法总的来说要比迪奥克勒的养生法严厉得多。斯多葛主义者所树立的夫妻忠诚也不比尼古克勒的要求更严格，因为后者鼓吹只与自己的妻子发生关系。普鲁塔克在《爱情对话》中对男童们的态度也比《法律篇》中的严肃立法者更要宽容。相反，在公元前几个世纪的文献中出现的——比对性行为的新约束更多——是一再讨论如

---

① 　如迪翁·德·普鲁斯（《演讲集》，VII）设想了一些树立德性权威所必须采取的措施，但是仅限于由贫穷引起的问题范围之中。

何恰当地关注自我，包括需要警觉的方式、内容、永恒性和精确性，包括对一种严格的养生法要求人们规避的所有身心困扰的关注，包括需要自我尊重的重要性，这不仅是对自身地位的尊重，而且还是对自身理性存在的尊重，即支持去除快感或者只把它局限在婚姻或生育的范围内。简言之（在最近似的意义上），道德反思中这种对性节制的推崇没有采取收紧定义被禁止行为的准则的方式，而是强化人们借以塑造为自己的行为主体的自我关系。[①] 而且，理解一种与之类似的方式，我们必须探讨这种更加严厉的道德的动机。

为此，我们可以思考一个经常被人提起的现象：在希腊化和罗马世界里一种"个人主义"的增长，它愈来愈着重"私人"生活的各个方面、个人行为的价值和人对自己的兴趣。因此，这不意味着公共权力的强化以及与此相应的严格化道德的发展，而是指过去个人生活于其间的政治与社会框架的萎缩。个人被整合到城邦中的程度大大降低，彼此之间更加疏远，也更加依赖自我，于是，他们开始在哲学中寻找更加个人化的行为准则。在一个类似的图式中，这一切并不错。但是，我们可以探寻这种个人主义推动的现实和使得个人脱离其传统归属的社会的和政治的进程。公民的和政治的活动可能一定程度上改变了方式；它仍然是上流阶层社会生活的一个重要方面。总的

---

① A.J.伏埃尔克：《从亚里士多德到帕纳蒂乌斯的希腊哲学中与他人的关系》，第183—189页。

来说，古代的各个社会仍然是人群混杂的社会，其中生存是"公开的"，而且，每个人都处在地方关系、家庭关系、经济互相依赖、主客关系和友谊关系的强大系统之内。此外，还必须注意，极力主张行为节制的各种学说——首先是斯多葛主义者——同样极力坚持担负人的义务、公民义务和家庭义务的必要性，自觉地谴责这些后退实践中的一种放任自流和自我愉悦的态度。

但是，关于这种人们经常用来解释在不同时代里有着十分不同表现的"个人主义"，应该提出一个更普遍的问题。在这一范畴内，各种完全不同的现实经常混淆。因此，应该区分三种东西：一是个人主义的态度，其特征是个人的独特性被赋予了绝对的价值，个人被赋予相对于所属的群体或机构一定的独立性；二是私人生活得到了推崇，也就是说大家认识到了家庭关系、家庭活动的方式和世袭的利益范围的重要性；最后是自我关系的强度，即呼唤人们将自我作为认识的对象和行为的范围，从而自我改变、自我改正、自我净化、自我救赎。毫无疑问，这些态度可能是相关的。比如，有时候个人主义要求强化私人生活的价值，或者有时候自我关系被赋予的重要性是与对个人独特性的推崇相关的。但是，这些联系既不是恒定的，也不是必然的。我们发现，在一些社会或社会群体中，比如在各种军事贵族制中，个人被要求通过各种使他与众不同、让他凌驾于其他人之上的行动自我证实自己的价值，但是他却不必极力强调自己私人生活或自我对自我的关系的重要性。还有一些社会，其中私人生活被赋予一种重要的价值，它被小心翼翼地保护和组织起来，构成了各种行为的参照中心和推崇原则，看来，这正是19世纪西方国家里的资产阶级的情况。但是同样，个人主义在此是脆弱的，自我对自我的关系在此也没有得到发展。最后，在一些自我关系得到强化和发展的社会或群体中，个人主义的价值或私人生活的价值并没有因此必然得到加强；公元头几个世纪的基督教禁欲运动呈现出一种极端强调自我关系的势头，但是，它所采取的方式却是贬低私人生活的价值。当它采取了聚居苦修的形式后，它就明确拒绝了隐士修行中的个人主义的东西。

罗马帝国时代所表现出来的各种性节制的要求似乎并不是个人主义势头增长的表现。它们的背景乃是由一个在相当长的历史范围内出现的现象所规定的，但是这一现象在此时达到了顶点：即我们可以称作为"一种自我教化"的发展，其中自我对自我的关系得到了强化和推崇。

*

要简单地规定这一"自我教化"的特征，[①]我们可以借助这一事实，即生存的技艺—— techne tou biou 的各种形式——在此是受制于恰当地"关注自我"的原则的。正是这一关注自我的原则确定了它的必要性，控制了它的发展和构成了

61

———————

① 关于这些主题，应该参见 P. 阿多的《精神训练和古代哲学》。

它的实践。但是，我们必须明确指出，人应该关心自我、关注自我（heautou epimeleisthai）的观念确实是希腊文化中一个非常古老的论题。它很早就是一个广泛传播的律令。色诺芬笔下的居鲁士不认为他的存在因为征战的结束而完成，他还需要关注自我——这是最珍贵的，他在回忆以往的胜利时说："我们不能责备诸神没有实现我们的全部心愿"，"但是，如果因为已经完成了一些重要事情而不能再关注自我和与朋友畅叙友情，那么我情愿放弃这种幸福。"① 普鲁塔克提到的一段斯巴达的格言也证明了斯巴达公民们把照料田地的事交给奴隶的原因就在于他们想"关注自我"：② 这无疑是指身体训练和战斗训练。但是，《阿尔西比亚德篇》中对"关注自我"的解释有着完全不同的意义（"关注自我"是对话中的一个关键主题）：苏格拉底向一位雄心勃勃的年轻人指出，如果他还没有学好必要的统治知识，那么他要管理城邦、向它提供建议和要与斯巴达诸王或波斯君主一决雌雄的愿望是狂妄自大的。他必须首先关注自我，而且只要他还年轻就要立即这样做，因为"到了五十岁，这就太晚了"。③ 在《申辩篇》中，苏格拉底在他的法官面前成了关注自我的老师：神委托他提醒人们必须关注自我和灵魂，而不是他们的财富和幸福。④

---

① 色诺芬：《居鲁士的教育》，VII，50。
② 普鲁塔克：《斯巴达格言》，217a。
③ 柏拉图：《阿尔西比亚德篇》，127d—e。
④ 柏拉图：《苏格拉底的申辩》，29d—e。

性经验史第三卷：自我的关心

然而，后来哲学所继承的正是苏格拉底的这一关注自我的主题，它最终把这一主题作为"生存技艺"的中心。渐渐地，这一主题超越了它原来的范围，摆脱了它原有的哲学含义，获得了各种真正的"自我教化"的范围和形式。对于"自我的教化"这一说法，我们应该理解成关注自我的原则已经控制了一个相当广泛的范围：必须关注自我的戒条已经成了许多不同学说中流行的一个律令。它还表现为一种态度、一种行为方式，充满了各种生存方式。它在人们反思、阐述、完善和教育的各种步骤、修行和养生法中得到了发展。因此，它成了一种社会实践，引发了个人之间的互动关系，引发了交换和交流，有时甚至各种机构。最后，它还引发了一种认识方式和一种知识的确定。

在以关注自我为标志的生存技艺的缓慢发展过程中，罗马帝国时代的最初两个世纪可以被认为是一条拱形曲线的顶点：即自我教化中的黄金时代，因为这一现象只涉及人数非常有限的各个社会群体，这些社会群体都是文化的载体，"生存的技艺"（techne tou biou）只有为了它们才能有意义，才能成为现实。

1.关注自我（epimeleia heautou, cura sui）是许多哲学学说中常见的一种律令。在柏拉图主义者那里也是如此：阿尔比鲁斯认为学习哲学要从阅读《阿尔西比亚德篇》开始，这样就可以"达到回归和复归自我"，认识到"什么才应该是他关心的对象"。[1] 阿普勒在《苏格拉底的神》的末尾，

63

————

① 阿尔比鲁斯，转引自 A.-J. 费斯蒂耶尔：《希腊哲学研究》，1971年，第536页。

说他为同时代人对他们自己的忽视感到吃惊："人们都有过好日子的欲望，他们却知道除了灵魂以外，没有其他生命的手段……然而，他们并没有好好教化它（aninum suum non colunt）。但是，无论谁想有一个锐利的眼光，都必须关心用来看的眼睛；如果谁想跑得快，那么他必须关心用来跑的脚……同样，对身体的各个部分也是如此，其中每个人必须根据自己的爱好来关心它们。对此，所有的人都轻易地看清了这一点；我也是不厌其烦地问自己，为什么他们还没有在理性的帮助下完善他们的灵魂呢（cur non ctiam animum suum ratione excolant），对此，我的吃惊是有道理的。"①

对于伊壁鸠鲁主义者来说，《给梅内塞的信》开启了哲学应该被视为关注自我的永久训练的原则。"年轻时，不要耽搁了学习哲学，年老了也不要讨厌哲学。因为对于任何人来说，要确保灵魂的健康，从没有太早或太晚的时候。"② 这就是伊壁鸠鲁关于人应当关注自我的论题，塞涅卡在一封书信中这样提到它："同样，当阴霾尽除，宁静的天空披上无比绚丽的光彩时，它不会再感受到更强烈的光亮。因此，关注自己的身体和灵魂的人（hominis corpus animumque curantis）要想通过身体与灵魂建立他的幸福，那么只有当他的灵魂宁静和他的身体毫无痛苦时，他才会达到完美的境界，欲望也得到满足。"③

---

① 阿普勒：《苏格拉底的神》，XXI，167—168。
② 伊壁鸠鲁：《给梅内塞的信》，第122页。
③ 塞涅卡：《给鲁西里乌斯的信》，66、45。

关注自己的灵魂是芝诺最初给学生们的一条训诫。穆索尼乌斯在公元 1 世纪曾复述过它。普鲁塔克引用过他的话："想自我拯救的人应该在一生中不断地关注自我。"[①] 我们知道，塞涅卡对关注自我的主题的阐述是丰富的。他认为，要专心关注自我，人必须放弃关心其他事情。这样，人就可以为自我空出地盘来（sibi vacare）。[②] 但是，这种"空出地盘"采用一种多重活动的方式，它要求人不浪费时间，不费尽心机去"成为自我""转变为自我"和"回归自我"。"se formare"[③]、"sibi vindicare"[④]、"se facere"[⑤]、"se ad studia revocare"[⑥]、"sibi applicare"[⑦]、"suum fieri"[⑧]、"in se recedere"[⑨]、"ad se recurrere"[⑩]、"secum morari"[⑪]，塞涅卡使用这一系列词汇来指称关注自我和快速达到自我（ad se properare）应当采取的各种不同的方式。[⑫] 马克·奥勒

65

---

① 穆索尼乌斯·鲁弗斯：《残篇》（亨斯编辑），36。转引自普鲁塔克的《论愤怒》，453d。
② 塞涅卡：《给鲁西里乌斯的信》，17，5；《论生活简朴》，7，50。
③ 塞涅卡：《论生活简朴》，24，1。
④ 塞涅卡：《给鲁西里乌斯的信》，I，1。
⑤ 塞涅卡：《给鲁西里乌斯的信》，13—1；《论幸福生活》，24，4。
⑥ 塞涅卡：《论精神宁静》，3，6。
⑦ 塞涅卡：《论精神宁静》，24，2。
⑧ 塞涅卡：《给鲁西里乌斯的信》，75，118。
⑨ 塞涅卡：《论精神宁静》，17，3；《给鲁西里乌斯的信》，74，29。
⑩ 塞涅卡：《论生活简朴》18，1。
⑪ 塞涅卡：《给鲁西里乌斯的信》，2，1。
⑫ 塞涅卡：《给鲁西里乌斯的信》，35，4。

留也证明了关注自我的紧迫性：阅读和写作都不应该从他对自己存在的直接关心中约束他更长时间。他说："不要跑东跑西了。你的目的不是重读你的笔记，不是重读罗马人和希腊人的古代故事，也不是重读你保留到老的文选。因此，你要赶紧达到目标，放弃各种徒劳的希望，努力回忆你自己（sautoi boethei ei ti soi melei sautou），只要还有可能，你就要这样做。"①

毫无疑问，在埃比克泰德那里，对这一主题的哲学解释达到了顶峰。在《对谈录》中，人的存在被界定为担负关注自我的使命的存在。这是人与其他生物的根本区别。动物都是"早有预备地"知道它们生存所必要的东西，因为大自然已经让它们不必关注自己就能够处在我们的支配之下，而且，我们也不必关注它们。② 人则相反，他必须监督自己：但是这不是因为人有缺陷，人比动物低下，而是因为神让人能够自由地支配自己；出于这一目的，人被赋予理性。理性不要被理解成是对所缺乏的自然能力的替代，相反，它是使得人可以在恰当的时间和以恰当的方式使用其他能力的能力。它甚至是能够自我使用的绝对特殊的能力，因为它能够"把自己和其他任何东西都当作研究的对象"③。在通过理性给我们的一切天性加冕的同时，宙斯还赋予我们关注自我的可能性和职责。正是因为人是自由

---

① 马克·奥勒留：《沉思录》，III，14。
② 埃比克泰德：《对谈录》，I，16，1—3。
③ 埃比克泰德：《对谈录》，I，1，4。

的和理性的（可以自由地成为理性的人），人本性上是关注自我的存在。神对我们的塑造并不像费迪亚斯塑造雅典娜大理石雕像那样，后者总是伸出手来，让胜利永远停留在展开的双翅上。宙斯"不只是创造了你，他还赋予你更多的东西，而且只给你一个"①。对于埃比克泰德来说，关注自我是一种特权—义务，一种神赐—职责，它在强迫我们把自己当作我们一切关心的对象的同时，确保了我们的自由。②

但是，哲学家们建议人们关注自我，这并不意味着这种虔诚只限于那些选择与他们相似生活的人，或者类似的态度只在与他们一起度过的日子里才是必不可少的。这是一个对一切人、一切时间和整个人生都有效的原则。阿普勒这样评论道：人可以毫无羞愧地忽视绘画的规则和弹奏齐特拉琴的规则，而要知道"在理性的帮助下完善自己的灵魂"是一条对所有人同样必要的"准则"。普林尼的情况可以作为具体的例证：他远离一切严格的教义，过着有规则的高尚人生，专心致志于自己的律师活动和文学工作，而且他并不想要与世隔绝。然而，他在一生中都不断地表现出对自己的关注，把自己看成是必须关注的最重要的对象。当他很年轻时，就被派到叙利亚执行军事任务，他首先考虑到的是来到厄夫拉泰的身边，不仅向他问学，而且逐渐地与他亲密起来，"得到他的爱护"。因为老师知

①　埃比克泰德：《对谈录》，II，8，18—23。
②　参见 M. 斯潘勒特：《埃比克泰德》，载《古代和基督教专科全书》。

道在不打击个人的情况下如何与各种缺点作斗争，因而他从老师的训诫中获得教益。① 以后在罗马，他有时前往他在洛兰特的别墅休息，就是为了能够专注于自己，"专心读书，专心写作，保养身体"，"与自己和自己的作品"对话。②

关注自我是没有年龄限制的。伊壁鸠鲁就说过："关心自己的灵魂，从不会太早也不会太晚"，"说研究哲学的时代尚未到来或已经过去的人是与说幸福的时代尚未到来或不再有的人相似的。因此，无论老少，都要研究哲学，虽然老人已经衰老，但是怀着对过去一切的感激，他在善行方面还是年轻的；虽然年轻人还年轻，但是因为对未来毫不畏惧，他同时又是一个老人。"③ 学会度过一生，这是塞涅卡援引的一条格言，它要求人把人生变成一种永恒的修行；虽然它早点开始为好，但是重要的是从不松懈。④ 被塞涅卡和普鲁塔克忠告的人实际上不再是在柏拉图笔下的苏格拉底或色诺芬眼中的苏格拉底鼓励要关注自己的满怀希望的或胆怯的青少年，他们是成年男人。《论精神宁静》（除了《论坚定》、也许还有《论闲暇》之外）的忠告是给塞莱露斯的，他是一位受塞涅卡监护的亲戚，他刚到罗马，对自己的职业和生活方式都还犹豫不决；但是，在

---

① 普林尼：《书信集》，I，10。

② 普林尼：《书信集》，I，9。

③ 伊壁鸠鲁：《给梅内塞的信》，122。

④ 关于这一主题，可参见塞涅卡的《给鲁西里乌斯的信》，82，76，90，44—45；《论坚定》，IX，13。

他背后，他已有了一条哲学路线：他的困境本质上是如何完成它。至于鲁西里乌斯，他只比塞涅卡小几岁。他们从公元62年开始频繁的通信，那时，鲁西里乌斯在西西里担任行政官。在这些通信中，塞涅卡向他解释了自己智慧的原则和实践，告诉他自己的弱点和尚未结束的战斗，有时还要求他给予帮助。而且，他毫不脸红地告诉对方，他六十多岁了还去聆听梅特罗那克斯的教诲。[1] 普鲁塔克给各位来信者所写的文章不是简单地对德性与缺点、灵魂的幸福或生活的不幸的一般思考，而是常常根据具体情况作出的行为忠告，而且这些来信者亦是成年男人。

这种成年人关注自己灵魂的顽强及其为了明白幸福之路而做一个寻找哲学家的老学生的诚心，倒是激怒了吕西安和其他与他在一起的人。他挖苦海尔莫蒂姆，说他在大街上叽叽咕咕地背那些他不应忘记的教条，然而他早已上了年纪了。从二十岁开始，他就下定决心不再把自己的生活与痛苦的人类生活混同起来，他还估计需要二十年的美好时光达到终极幸福。然而（他随后就指出了这一点），他到了四十岁才开始研究哲学。这样，他将把一生中最后四十年全部用来在一位老师的指导下监督他自己。而他的对话者里西鲁斯却开起了玩笑，假装发现他学习哲学的时候到了，因为他刚好四十岁。他对海尔莫蒂

---

[1] 塞涅卡：《给鲁西里乌斯的信》，76，1—4。参见 A. 格里利：《希腊—罗马世界里思辨生活的问题》，第217—280页。

姆说："给我做拐杖吧"，"用手扶着我走"。^① 正如 I. 亚多在论述塞涅卡时所说的，所有这些思想指导活动都属于成人教育（Erwachsenerziehung）的范围。^②

2. 必须明白，这种对自我的关注不是简单地要求一种泛泛的态度和一种零散的注意力。"epimeleia"一词不是简单地指一种担心（une preoccupation），而是指一整套的事务（tout un ensemble d'occupations）。人们谈起"epimeleia"，是用它来指一家之主的活动、^③ 君主监督臣民的工作、^④ 对病人或伤员应尽的关心，^⑤ 或者是人对诸神或亡灵的义务。^⑥同样，对于自我来说，"epimeleia"包含一种艰苦的劳动。

这需要时间。这一自我教化的重要问题之一就是确定在一天或一生中应该投入多少时间。人们使用了各种不同的公式。人们可以在晚上或早上留一些时间进行沉思、检查需要完成的事情、牢记某些有益的原则、检查一天所发生的一切。毕达哥拉斯学派的早晚反省在斯多葛主义者那里又重现了，当然，内容上有些不同。塞涅卡、^⑦ 埃比克泰德、^⑧ 马克·奥勒留^⑨ 都提

① 吕西安：《海尔莫蒂姆》，1—2。
② I. 亚多：《塞涅卡和希腊—罗马的引导灵魂的传统》，1969 年，第 160 页。
③ 色诺芬：《家政学》，V，1。
④ 迪翁·德·普鲁斯：《演讲录》，III，55。
⑤ 普鲁塔克：《国王与统治者们的格言》，197d。
⑥ 柏拉图：《法律篇》，717e。
⑦ 塞涅卡：《论愤怒》，III。
⑧ 埃比克泰德：《对谈录》，II，21 及次页；III，10，1—5。
⑨ 马克·奥勒留：《沉思录》，IV，3。XII，19。

到人必须用来反省自我的这些时间。人们也可以不时地中断自己的日常活动，做一次穆索尼乌斯（还有许多其他人）所热切推荐的闭关：^① 它们让人可以与自我单独相处，接受它的过去，目睹过去的整个生活，通过阅读熟悉启发人的戒律和例证，从脱胎换骨的生活中重寻各种理性行为的主要原则。而且，还可能在他的生平中或结束时，摆脱他的各种不同活动，安享晚年，那时，他完全专注于把握自我，欲望也就减弱了，如同塞涅卡通过哲学工作、斯比里纳在宁静的舒适生存中把握自我一样。^②

这段时间并不是空虚的，而是充满了各种训练、实践任务和不同的活动。关注自我不是一种挂名差使。它有着爱惜身体、健康养生法、非过度的身体锻炼，尽可能有节制地满足需要。它包括沉思、阅读和对各种书籍或精彩会谈的注解，还有对业已知道但需要更好消化的各种真理的回忆。对此，马克·奥勒留给出了一位"隐士"的例子：要想恢复说服人不去激怒其他人、不去干扰各种事件和事物的各种普遍原则和理性论据，这需要长期的工作。^③ 除此之外，它还包括与知己、朋友、导师或领导的交谈；另外还有通信，人们在信中表达了自己的心境，征求意见，或将意见给需要的人——这对于被称作私人教师的人来说是一种有益的锻炼，因为他因此为自己带来

① 穆索尼乌斯·鲁弗斯：《残篇》（亨斯编辑），60。
② 普林尼：《书信集》，III，1。
③ 马克·奥勒留：《沉思录》，IV，3。

了新的信息：① 围绕着自我关注，所有的说话和写作活动都得到了发展，其中自我对自我的工作是和与其他人的交流联系在一起的。

这里，我们触及了这一关注自我活动的最重要的一点：这一活动不是一种独处的训练，而是一种真正的社会实践。这有着多种含义。实际上，这种活动经常表现在各种或多或少制度化的结构之中；因此，新毕达哥拉斯共同体或者那些伊壁鸠鲁派团体（从费洛德姆那里可以了解一些其实践的情况）：它们是一种众所周知的等级制，它让最先进的人担起领导其他人的任务（或者是以个人的方式，或者是以集体的方式）。但是，还存在各种共同训练，允许在关注自我中接受其他人的帮助。② 埃比克泰德则从自己的角度，在一个非常近似学校的地方授课：有些人只是路过，有些人呆得久一些，以便为普通公民的生活、甚至一些重要活动作好准备，最后，还有一些人注定成为专业哲学家，他们必须接受良心指导的规则和实践的训练。③ 我们还在罗马贵族政治时期发现了私人顾问的实践，他给某个家庭或团体充当生活顾问、政治开导者和谈判中可能的中间人："有些富裕的罗马人认为供养一位哲学家是有益的，一些有身份的人物不认为这一职位是屈辱的。"他们必须给予

① 参见塞涅卡：《给鲁西里乌斯的信》，7，99 和 109。
② 费洛德姆：《著作集》，奥利维耶里编辑，残篇第 36，第 17 页。
③ 关于学校里的各种训练，参见 B.L. 黑基曼斯的《修行：关于埃比克泰德的教育体制的注解》，第 41—46 页。

"他们的资助人和家庭提供道德建议和鼓励，而后者则从他们的赞许中获得力量"。[①] 德梅特里乌斯是特拉塞亚·帕埃蒂斯的精神导师，后者要求前者参加到他的自杀活动中，以便让他在这最后关头帮助他实现最美好的生存方式。此外，教授、导师、顾问和知己这些不同的功能并非总是截然不同的：在自我教化的实践中，各种角色通常是可以互换的，它们可以轮流由同一个人担任。穆索尼乌斯·鲁弗斯曾是胡贝利乌斯·帕拉乌蒂斯的政治顾问，后者死后，他遭到了流放，其间，他聚集了一批访问者和信徒，开设了一所学校；直至临终之前，他在维斯帕西安统治时期经历了第二次流放，后来又回到了罗马，公开授课，并且成了蒂图斯身边的人。

但是，这种自我的关注不仅得到学校、指导灵魂的教育和专业人员的社会支持，它还很容易得到一整套亲戚、友情和义务的习惯关系的支持。当一个人在自我关注的训练中求助于另一个人，估计他有能力给予指导和建议时，这个人就行使一种权力。当一个人对其他人施以援手时，或者感激地接受别人所能给予的教训时，这就是一种责任。伽利安讨论治愈激情的论著从这个角度来看是有意思的。他劝告那位想关注自我的人去寻求别人的帮助。不过，他并不推荐才能和知识出众的专家，而是推荐有着好名声的人，人们可以借此机会体会到

---

① F.H. 桑德巴克：《斯多葛派》，第 144 页。还参见 J.H. 利伯舒兹的《罗马宗教的连续性与变化》，第 112—113 页。

毫不妥协的真诚。[①] 但是，有时候，自我的关注和他人的帮助之间的相互作用被嵌入各种预先存在的关系之中，这些关系都被赋予了一种新的色彩和一种更加巨大的热情。因此，自我的关注——或者是对其他人应有的自我关心的关注——看来是对各种社会关系的一种强化。当塞涅卡遭流放时，他曾写信安慰母亲，帮助她战胜这种痛苦和以后可能有的更大的不幸。他还曾给塞莱露斯写过一封关于灵魂安宁的长信。后者是受他监护的外省的一位年轻亲戚。此外，塞涅卡和与他年纪相仿的鲁西里乌斯的通信则深化了一种预先存在的关系，这些通信旨在逐渐地把这种精神指导变成一种共同的经验，双方都可以从中获得教益。在第 34 封信中，塞涅卡对鲁西里乌斯说："我向你提出要求，你是我的作品"；随后又立即补充道："我在劝告某位已经在路上的人，他反过来也在劝告我。"从下封信起，他提到要恢复这种双方永远互相援助的完美友谊，但是，这种友谊在第 109 封信中成为了问题："摔跤手的技艺要通过摔跤训练来维持；伴奏者激发起音乐家们的互动。同样，哲人也需要保持自己的美德：他自我激励，也接受来自其他哲人的激励。"[②] 因此，自我的关注是与一种"精神的服务"内在相关的，后者使得与其他人的交流和相互负责的体系成为可能。

---

① 伽利安：《论灵魂的激情及其错误》，III，6—10。

② 塞涅卡：《给鲁西里乌斯的信》，109，2。关于塞涅卡及其关系和指导活动，参见 P. 格里马勒的《塞涅卡：帝国的良心》，第 393—401 页。

3. 根据一种在希腊文化中源远流长的传统，关注自我是与医学思想和实践紧密相联的。这一古老的关系愈来愈充实，以致普鲁塔克在《健康戒律》的一开始就指出，哲学与医学接触的是"同一个领域"（mia chora）。[①] 它们处理的是共同的观念游戏，其中中心要素是"病理概念"。它既关注激情也关注身体疾病，既关注身体的骚动也关注灵魂的不由自主的运动。无论在什么情况下，它涉及一种干扰体液或体质平衡的身体疾病和在灵魂中表现为一种支配灵魂的运动的被动状态。从这一共同概念出发，人们可以划出对身心痛苦有效的分析范围。对此，斯多葛派提出了"疾病分类"的图式，它确定了各种痛苦发展和延缓的增长程度：在此，首先要区分出容易感受到各种痛苦的倾向和容易患上各种可能疾病的倾向；随后是痛苦和困扰，在希腊文和拉丁文中，分别被称为"pathos"和"affectus"；然后，当痛苦植根于身心之中时，疾病（nosema, morbus）就出现了；其中，构成疾病和虚弱状态的"aegrotatio"或"arrhostema"（病痛）更加严重和长久；最后，存在无法治愈的根深蒂固的病痛（kakia aegrotatio inveterata, vitium malum）。斯多葛派还提出了一套标示不同治愈程度或方式的图式。塞涅卡把部分地或全部地根除自己恶习的病人与那些摆脱了疾病却尚未解除痛苦的病人区分开来；还有一些恢复了健康却因为自己的习惯尚未

---

① 普鲁塔克：《健康戒律》，122e。

改变而很脆弱的病人。[①] 这些观念和图式必须作为身体医学和灵魂治疗术共同的向导。它们不仅可以让人把这种理论分析应用到肉体病痛和道德混乱上，而且可以让人根据同一方法介入这两者之中，关注、关心它们，最后治愈它们。

这一整套医学隐喻常常被人们用来指关心灵魂所必需的一些手术活动：用解剖刀对准伤口，割开脓肿，切除和掏空一切多余的东西，治疗一番后，开出一些苦涩的、镇静的或强壮的药。[②] 根据哲学来改进和完善灵魂，这种教化（paideia）愈来愈染上医学的色彩。自我培养和自我关心都是慎独的行为。埃比克泰德一再坚持他的学校不是一个简单的教学场所，人们可以从中获取有助于职业或名声的知识，将来得到更多的好处。它必须被看成是一个"灵魂诊所"，"这是一所医学诊所（iatreion），而不是哲学家的学校；离开它时，人不应该感到愉悦，而是感到痛苦"。[③] 他对学生们的要求很多：他们要把自己的情况看成是一种病理状态；他们首先不要把自己看成是向有知识的人学习的学生；他们要把

---

① 参见西塞罗：《咳嗽》，IV, 10；塞涅卡：《给鲁西里乌斯的信》，75, 9—15。关于这一点，参见 I. 亚多的《塞涅卡和希腊—罗马的引导灵魂的传统》，柏林，1969 年，第二部分，第 2 章。

② 关于身体治疗术与灵魂医学之间的比较，参见塞涅卡的《给鲁西里乌斯的信》，64, 8。

③ 埃比克泰德：《对谈录》，III, 23, 30 和 III, 21, 20—24。还参见塞涅卡对一位经常参加某个哲学家的课程的人的说法："或者让脓肿继续，或者医治好它。"（《给鲁西里乌斯的信》，108, 4。）

自己看成是病人，好像一个有肩疾，另一个有脓肿，第三个有瘘病，其他人则有头痛病。他指责他们来求学的目的不是关注自我（therapeuthesomenoi），而是纠正他们的判断（epanortho sontes）。"您想学习三段论吗？请首先医治您的创伤；中止您的体液的来潮，保持精神宁静。"[①]

与此相应，像伽利安这样的医生认为他的能力不仅是要治愈各种严重的神志不清（爱的疯狂传统上属于医学的领域），而且要关心各种激情（"没有理性规范的能量"）和错误（"源于一种错误的观点"）；这两者"总体上和一般意义上被称为错误"。[②]为此，他着手治疗一位非常容易暴怒的游伴。而且，他还接受了一位熟悉的年轻人前来求教的要求。这位年轻人无法理解哪怕是最小的感情困扰，但是他又不得不承认自己比老师伽利安更易受到微不足道的事情的困扰，而后者则只受到各种重要事情的困扰。为此，这位年轻人来请他帮忙。[③]

在自我的教化中，医学关注的上升似乎表现为一种对身体既特别又强烈的注意。这种注意非常不同于在通过体操、体育锻炼和军事训练来培养自由人的时代里对身体活力的推崇。不过，它也存在悖论，因为，至少从某一方面来说，它被纳入一种道德之中，这种道德认为死亡、疾病或身体痛苦不是真正的病痛，最好是关心自己的灵魂，而不是全力保养自己的身

---

① 埃比克泰德：《对谈录》，II，21，12—22；还参见 II，15，15—20。
② 伽利安：《论对灵魂激情的治疗》，I，1。
③ 伽利安：《论对灵魂激情的治疗》，IV，16 和 VI，28。

体。^① 在自我实践中，人们关注的焦点如下：身体与灵魂的病
痛可以相互交流，可以交换它们的疾病，其中灵魂的坏习惯
可以引起肉体的痛苦，而身体的过度也会表现和维护灵魂的缺
陷。特别要注意的是躁动和紊乱的过渡点，并且认识到，若是
人不想身体战胜灵魂，那么最好是改进灵魂，若是人希望灵魂
完全控制自己，那么最好是调整身体。正是在这个接触点上，
作为个人的弱点，注意力被引向身体的疾病、不适和痛苦。当
成年人关心自己时，他必须照顾的身体不再是通过体操来培养
的年轻的肉体，而是一个虚弱的、受到微小痛苦威胁和侵蚀的
身体，它对灵魂的威胁、与其说是由于它的要求过于强烈，不
如说是由于它自身的虚弱。塞涅卡的书信为这一对于健康、养
生法、疾病和所有身心困扰的关注提供了很好的例证。^② 费罗
东和马克·奥勒留之间的通信^③——当然，更不要说阿埃利乌
斯·阿里斯蒂德的《圣言》，它给疾病叙述赋予了完全不同的
向度，给自己的经验则赋予一种完全不同的意义——很好地揭
示了关注身体在这些自我实践中的地位，以及这种关注的风
格：对过度的担忧、养生法的节制、理解各种困扰、详尽地关
注身体功能的紊乱、考虑所有可能干扰身体并通过身体干扰灵
魂的要素（季节、气候、营养、生活方式）。

但是，更重要的也许在于：从医学与道德的这一（理论的

---

① 埃比克泰德：《对谈录》，I，9，12—17；I，22，10—12；《指南》，41。
② 塞涅卡：《给鲁西里乌斯的信》，55，57，78。
③ 马克·奥勒留：《书信集》，VI，6。

和实践的）紧密关系出发，人们被要求认识到自己是病人，或者是受到疾病的威胁。自我的实践隐含着人不仅要意识到自己是不完善的、无知的和需要改进、培养和教育的个体，而且要成为感受到某些病痛并且必须自我关心或者让有能力的其他人来关心自己的个体。每个人都应该发现自己的这一需要，发现自己有必要接受医治和救助。埃比克泰德指出：“因此，哲学的出发点就是考虑到我们的主导部分的状态（aisthesis tou idiou hegemonikou pos echei）。在认识到它的虚弱之后，人不再会让它派上更大的用场。但是今天，不能吞下最小一口食物的人却买来一本论著，着手一口吞下它。于是，他们要么吐出，要么消化不良。随后，腹痛、伤风和发烧就来了，因而他们应该首先考虑一下自己的能力……”[1] 为此，恢复这种与作为病人的自我的关系是更加必要的，因为各种灵魂的疾病——不同于身体的疾病——不是通过我们看到的种种痛苦表现出来的。它们不仅可以长久不为人所知，而且还会蒙蔽感染上它们的人。普鲁塔克提请人们注意，身体功能的紊乱一般都可能通过脉搏、胆汁、体温和痛苦被人发现，而且，肉体疾病的坏处在于，主体在诸如癫痫、麻木、中风等疾病中没有考虑到自己的状态，而在各种灵魂疾病中，严重之处在于它们不为人知，或者人们甚至可能把它们当作美德（愤怒是勇敢的美德，爱的激情是友谊的美德，嫉妒是竞争的美德，胆怯是谨

81

---

① 　埃比克泰德：《对谈录》；还参见 II，11，1。

慎的美德）。然而，医生们所希望的，是"人们不是病人；但是，若是人们真的是病人，那么医生们也希望人们不要忽视这一点"。①

4. 在这既是个人的又是社会的实践中，认识自我显然占有极其重要的地位。德尔斐准则常常被提起，但是它在此还不足以认识到苏格拉底的论题具有的纯粹的和简单的影响。因为，一整套认识自我的技艺是与各种准确的做法、各种特殊的检查方式和各种规范化的修行一起得到发展的。

a. 我们可以采取非常图式化的方式，先不做一种较为全面和系统的研究，首先把所谓的"考查的步骤"孤立出来。这些步骤有双重作用，既提高德性修养又确定人已达到的程度。普鲁塔克和埃比克泰德分别强调了它们的进步性。但是，这些考查的目的不是为了放弃而实践放弃，而是最终能够抛弃多余的东西，达到对自我的控制。人所经历的各种考查不是前后相继的克制阶段，它们是确定和证实人面对一切必需的和关键的东西是否独立的方式。使我们暂时回到了基本需求，从而使一切多余之物和放弃的可能性都在实践中出现。在《苏格拉底的神灵》中，普鲁塔克引述了这类考查，它的意义得到了在对话中阐述新毕达哥拉斯主义的人的证实。即，经过某种激烈的体育运动，人开始感到胃口大开。随后他坐到摆满美味佳肴的饭桌前，但是经过一番沉思，他把这些佳肴都送给了仆人们，而

―――――――

① 普鲁塔克：《心灵的感情是否比身体的感情更坏》，501a。

他则满足于享用奴隶们的饭食。①

伊壁鸠鲁主义者和斯多葛主义者有着共同的节制训练，但是其意义则各不相同。根据伊壁鸠鲁的传统，这种训练就是要指出人怎样在满足各种最基本的需要时能够找到一种更完全、更纯洁和更稳定的快感，而不是执着于一切多余之物的享乐。而考查的目的就是指出克制可能导致痛苦的起点。但是，伊壁鸠鲁的饮食是极其节制的。为了发现他的快感减少了多少，他在某几天减少了食物。② 而对于斯多葛主义者来说，这是为了准备各种可能的克制，同时发现要最终摒弃习俗、舆论、教育、爱惜名声和喜欢炫耀赋予我们的东西是多么容易。根据这些节制考查，他们要提示我们能够一直支配必不可少的欲望，而且必须防止一想到匮乏就感到担忧。塞涅卡指出，"当天下太平时，士兵仍要操练。面前没有敌人，他也要建立防御工事。他讨厌多余的工作，只要完成必要的工作就行了。你当然不想让这个人在战事最激烈的时候丢掉脑袋，那么请在打仗之前训练他。"③ 塞涅卡还提到了他在另一封信 ④ 中读过的一种实践：每月都进行一系列以"虚拟的穷困"为目标的简短实习，其间，人要自觉过三或四天的"悲惨的生活"，体会睡破

---

① 普鲁塔克：《苏格拉底的神灵》，585a。
② 塞涅卡在《给鲁西里乌斯的信》中援引了伊壁鸠鲁的这一论点，参见该书 18，9。
③ 塞涅卡：《给鲁西里乌斯的信》，18，6。
④ 塞涅卡：《给鲁西里乌斯的信》，20，11。

床、穿粗衣、吃最廉价面包的滋味。这"不是游戏，而是考验"(non lusus, sed experimentum)。人不是为了将来更好地品尝美味而做一时的节制，而是要明白最坏的厄运也不会去除人的基本需要，人能够一时忍受的东西，那么他将一直都能承受它。① 人要从最小处着手。这就是塞涅卡在公元62年的农神节之前所写的一封信中所提倡的。那时，罗马"花费庞大"，官方文告已经发出。塞涅卡自问是否应当参加节日活动。对他来说，这是对自制的考验，而不是要弃绝这些活动并与世俗态度决裂。但是，这种不与世隔绝的做法需要一种更大的道德力量。最好的做法就是"不与群氓相混同，虽然是做同样的事，但是做法不同"。而这"另一种做法"是事先通过各种自觉训练、节制实习和对穷困的担忧培养起来的。这些训练使得他们能够像世人一样庆祝节日，但是从不会奢侈浪费(luxuria)。因为有了它们，人就可以在富裕中保持一个干净的灵魂。"当富人知道穷困带来的危险是多么少时，他就会感到更加心平气和了。"②

b. 在这些实践考验中，人们认为接受良心考验是重要的。这种习惯原是毕达哥拉斯教义的一部分，③ 但是它已经传播到

---

① 还参见塞涅卡的《慰问埃尔维亚》，12，3。

② 塞涅卡：《给鲁西里乌斯的信》，18，1—8；参见第17封信，5："没有节制实践，研究智慧是达不到有益的结果的。而节制是自觉地过一种清贫的生活。"

③ 参见第欧根尼的《哲学家们的生平》，VIII，1，27。波尔费雷：《毕达哥拉斯》，40。

非常广泛的地区。看来，早上的检查是为了想一想一天的任务和职责，以便做好充分的准备。而晚上的检查则是把白天发生的事理出一个头绪来。许多作者都建议采取这种有规则的训练，但是塞涅卡在《论愤怒》中所作的阐述是最详尽的。① 他讨论的是塞克斯蒂乌斯在这方面的实践。塞克斯蒂乌斯是罗马的斯多葛主义者，他跟从帕庇里乌斯和索蒂翁学习过。塞涅卡认为塞克斯蒂乌斯的实践主要关注的是一天结束后的进步小结。在为晚上休息进行沉思时，塞克斯蒂乌斯问自己的灵魂："你已经改正了什么缺点？你已经战胜了什么邪恶？你靠什么才成为最优秀的呢？"塞涅卡也是这样，每天晚上都要进行这种检查。夜幕降临（"从光线消失开始"）和寂静无声（"当他的妻子不再说话了"）是这一检查的外部条件，此外，塞涅卡还考虑到酣睡的准备活动："有什么比这种检查白天活动的习惯更好呢？有什么睡眠比在这一反省之后入睡更好呢？因为灵魂已经接受了好与坏的点评，人就可以睡上一个安详的（tranquillus）、酣畅的（altus）和无拘无束的（liber）觉。"初看上去，塞涅卡实行的检查像是一个小型的法庭审理场景，像"到庭应审""预审品行"和"辩护或传唤"这些说法都清楚地说明了这一点。这些要素似乎表明，主体分离为一个审判机构和被指挥的个人。然而，这整个过程还引起了一种行政干预，它要求考察已完成的活动的各个方面，以便重新激

---

① 塞涅卡:《论愤怒》，III，36。

活各种行为原则和在将来改进行为方式。至于法官的作用，它是塞涅卡所提到的检察官的活动，或者是一家之主检查自己账目的活动。

所使用的术语都是富有意义的。一天刚过完，塞涅卡就要求"检查"一下（动词"excutere"是指震动、拍打，如同抖落灰尘一般，这个词是用来指可以使人清除账目错误的检查）。他要求"仔细审查"它；对于做过的事和说过的话，他要求"考量它们的各个方面"（remetiri，就是在做完一件事后要看一看它是否符合预先的设想）。在这一考查中，主体与自身的关系不是一种被告面对法官的司法关系，而是有着一副审查活动的派头，其中检查员要求评估一份工作和一项已经完成的任务。"监督者"一词（一个人应该是一名"监督者"）正好是用来指这种作用的。而且，这种考查尽管模仿的是司法程序，但是并不针对"违法行为"；它不是要作出一种有罪必罚的判决，或者是作出自我惩罚的决定。塞涅卡在这里所举出的例证是要考察一些活动，如与那些无法被人说服的无知者进行非常热烈的讨论，或者是通过各种责备，让大家希望促使其进步的朋友感到羞耻。对于这些行为，塞涅卡并不满意，因为为了达到预期的目的而使用的方法不是一些正当的方法。你在朋友需要的时候改正他们的缺点，这是好的，但是，毫无分寸的训斥只能带来伤害，而不是改进。说服那些无知之人也是好的，但是还必须有所选择，选择那些可教的人。因此，考查的目标不是去发现自己的罪过，直至其最小的形式和最脆弱的根基。若是人"毫无隐瞒"，若是人"没有忽视什么"，那么这是为了牢记各种合法的目的以及使人可以选择恰当的方式达到这些目的的各种行为准则。通过考查，以防重犯错误，这不是要确定有罪或激发内疚之情，而是还要痛定思痛，增强明智行为所必需的理性武器。

c. 此外，还有必要进行自我反思。它应该不止是一种节制人们能力的检查，它必须不同于根据行为守则来评估错误；它应该具有对各种表象进行过滤检查的形式，即检查、控制和挑选它们。这不只是一种定期检查，更应该是一种对自我的持续态度。为了确定这种态度的特性，埃比克泰德使用了后来在基督教精神中有着长久命运的一些隐喻，但是它们的价值都各不相同。他提出，面对自我，人要接受检查出入城门或家门的"值夜哨兵"的作用或姿势。① 而且，他建议人对待自我要像"钱币检查员""银币管理者"和银币兑换商那样，不确定它的价值，就不收。"当涉及钱时……我们发明了一种技艺，那是检查钱币的一套步骤，就是看、摸、嗅，最后是听。人要把钱币丢到地上，注意它发出的声音；当然，只掷一次是不能令他满意的，而是要多掷几次，练就一对音乐家的耳朵。"但是，埃比克泰德接着指出，当对钱的真假发生疑问时，我们自然会采取这些预防措施，然而不幸的是，当涉及我们的灵魂时，我们都会忽略它们。不过，哲学的任务——它的主要的和首要的

———————

① 埃比克泰德：《对谈录》，III，12，15。

任务——就是要进行这种检查（dokimazein）。①

为了详细说明这个同时既是一般原则又是态度的东西，埃比克泰德参考了苏格拉底在《申辩篇》中的格言："一种不经检查的生活（anexetastos bios）是不值得过的。"② 事实上，苏格拉底所说的检查是他要求自己和其他人针对无知、自知自己无知、不知自己无知而进行的自我检查。而埃比克泰德所说的检查则是另一回事，它针对的是表象，旨在"检查它"，"区分"（diakrinein）它们，避免"先入为主"。"对于每一个表象，都必须能够截住它，对它说：'请等一下，让我看清楚你是谁，你来自何处。'就像值夜的门卫说'请出示你的证件'一样。你是否坚持表象要有得到认可所必需的标志呢？"③ 然而，必须明确指出，检查的要点不在于表象的根源或对象，而是在于是否应该批准它。当精神中出现了一种表象时，区分的工作就在于应用斯多葛派的著名教规，区分出不取决于我们的部分与取决于我们的部分。前者因为超出了我们能力所及，我们不会接纳它们，并将它们作为不应该是"欲望"或"厌恶"、"习惯"或"冲动"等的对象而抛弃。检查是一种能力的考验

和一种自由的保证，即一种永久确保不与不属于我们控制范围的东西发生联系的方式。永久监督各种表象，或者像验证钱币那样检查各种标志，这不是质询所出现的念头的深刻根源（像

---

① 埃比克泰德：《对谈录》，I，20，7—11；还参见 III，3，1—13。

② 柏拉图：《苏格拉底的申辩》，38a。

③ 埃比克泰德：《对谈录》，III，12，15。

以后人们在基督教精神中所做的那样），不是试图剖析表象背后隐藏的意义，而是评定自我与表象的关系，以便在与自我的关系中只接受取决于主体自由和合理的选择的那部分东西。

5. 这些自我实践尽管表现不同，但是有着共同的目标，其特征可以用转向自我（epistrophe eis heauton）的最一般原则来规定。① 这种公式是柏拉图主义的，但是它在大多数时间里是在恢复各种明显不同的意义。它首先被理解为一种行为的改变：这不是说为了完全地和唯一地关注自我，必须停止其他工作方式，而是在应有的活动中，必须谨记一个人的主要目的是在自我中、在自我与自我的关系中探寻。这种转向包含着一种眼光的转换：千万不要在无益的好奇心的驱使下四处张望，无论这是对日常变化和其他人的生活的好奇心（普鲁塔克曾专文讨论过这种对公众生活的干预），还是要发现最远离人类的自然及其相关东西的奥秘的好奇心（塞涅卡引述过，德默特里乌斯强调自然只隐瞒无益的奥秘，它把人类必须认识的东西都放在了人类能力和视线的范围之内）。但是，转向自我（conversio ad se）还是一种轨道，由于它，人避免了一切依赖和奴役，最终与自我合一，它像一个躲避暴风雨的小港口，或者像一个在四周城墙保护下的城堡。"它坚不可摧。灵魂从未来的事物中解放出来，在它为自己建造的堡垒中保卫着

---

① "epistrophe eis heauton"、"epistrephein eis heauton" 这些表达式在埃比克泰德那里都有，参见《对谈录》，I，4，18；III，16，15；III，22，39；III，23，37；III，24—106；《指南》，41。

自己；以它为目标的射击总是落在它的下面。财富没有公认的长臂；它无法左右任何人，除了对那些关注它的人外。因此，我们要尽可能地纵身一跃，远远地离开它。"①

　　这种与自我的关系构成了转折的终点和一切自我实践的终极目标，它还属于一种自制伦理。但是，要想规定它的特征，我们并不满足于援引战胜各种难以驯服的力量并能不受争议地支配它们的竞技方式。人们经常是基于法律占有的形式来理解这种关系的：人"属于自我"，人就是"他自己"（suum fieri, suum esse 是塞涅卡常用的说法）；② 人只属于自我，人是"sui juris"（法律的自我）；人对自我行使着一种不受任何限制和威胁的权力；人拥有"potestas sui"（自我的权力）。③ 但是，通过这种政治的和法律的形式，与自我的关系还被界定为一种使得人们可以从自我之中获得愉悦的具体关系，一种人同时占有又看得到的东西。若是转向自我就是专心致志，志存高远，忧患未来，那么人可以转向他的过去，回忆它，从自己的视角出发随意地梳理它，与它产生一种不受困扰的关系："这是我们的生活中唯一神圣的和不可侵犯的部分，它避开了一切人事纷杂，不受命运帝国的摆布。贫穷、恐

---

① 塞涅卡：《给鲁西里乌斯的信》，82，5。
② 塞涅卡：《论生活简朴》，II，4；《论精神宁静》，XI，2；《给鲁西里乌斯的信》，62，1；75，18。
③ 塞涅卡：《论生活简朴》，V，3（法律的自我）；《给鲁西里乌斯的信》，75，8（拥有自我的权力）；32，5（自我的能力）。

惧、疾病的袭击都不能打倒它。它不能受到干扰，也不能欣喜若狂，拥有它是永恒的和宁静的。"① 在这种拥有中所形成的自我的经验并非单纯是对一种克制力量的经验，或者是对控制准备反叛力量的经验，而是对一种自我愉悦的经验。最终接近自己的人对于他自己来说是一个快感的对象。不仅人对于自己是什么感到满意，并且答应接近它，而且人还"自我愉悦"。② 塞涅卡一般用"gaudium"或"laetitia"来表示这种快感。它是一种没有任何身心困扰形式的状态。界定它的事实在于，它不会被任何不依赖于我们又逸出我们的权力之外的东西激发出来。它是从我们之中和在我们之中产生出来的。③ 同样，以这一事实也能说明它的特征：它既没有不同的程度也没有变化，而是以"一整块"的方式出现的。无论哪一次，任何外在的事件都无法分开它。④ 因此，这种快感可能完全不同于"享乐"（voluptas）一词表示的意思。后者表示一种源于我们之外和出现在我们无法确定的对象之中的快感。这是一种自身不稳定的快感，因为担心被取消而遭到削弱，而我们在能够或无法自我满足的欲望力量的驱使下却又想接近它。只有接近自我才更容易用一种在自我之中获得的宁静而永恒的快感形式来代替

① 塞涅卡：《论生活简朴》，X，4；XV，5。
② 塞涅卡：《给鲁西里乌斯的信》，13，1；还参见23，2—3；埃比克泰德：《对谈录》，II，18；马克·奥勒留：《沉思录》，VI，16。
③ 塞涅卡：《给鲁西里乌斯的信》，72，4。
④ 塞涅卡：《给鲁西里乌斯的信》，72。还参见《论幸福生活》，III，4。

这种冲动的、不定的和暂存的快感。塞涅卡告诫鲁西里乌斯："学会高兴吧（disce gaudere）。我希望你永远不缺乏喜悦。我希望你的家里有很多喜悦。你的心中也会有很多喜悦……一旦你发现了从哪里获得它，那么它就不会消逝……请你把你的目光转向真正的善，为你的财富（de tuo）感到幸福吧！但是这一财富是什么呢？它就是你自己，它是你的最好部分。"[①]

在公元初几个世纪里，对快感道德的反思是在这一自我教化、它的各种主题和实践的范围内发展起来的。为了理解可能影响这一道德的各种变化，我们必须注意到这一方面：首先，能够被认为是更加显著的严格、增长着的严厉和更加严格的要求的东西，不必解释成各种禁忌收紧了。禁忌领域没有扩大，人们并不想把各种禁忌系统组织得更加专制和更有成效。变化最早是从个体应该被塑造成道德主体的方式开始的。自我教化的发展不是在强化能够阻碍欲望的东西的活动中，而是在涉及构成道德主体的各种要素的某些变动中产生影响的。这是与有关自我控制的传统伦理的中断吗？当然不是，但是确实发生了位移、变化和着重点的不同。

性快感作为伦理基础仍然总是有关力量秩序的，即必须与这种力量斗争，主体必须确保自己对它的控制。但是，在这

---

① 《给鲁西里乌斯的信》，23，3—6；还参见124，24。关于对快乐（la volupté）的批评，参见《论幸福生活》，XI，1—2。

一暴力、过激、反抗和战斗的相互作用中，着重点愈来愈自发地转向了个体的虚弱性和脆弱性之上，转向了个体逃避、回避、自我保护和隐藏起来的必然性之上。性道德仍然总是要求个体服从一种规定各种生存艺术的和伦理标准的生活艺术。但是，这种艺术愈来愈指向各种自然或理性的普遍原则，所有的人，不论地位如何，都必须以同样的方式与它们联系起来。至于必须在自己身上完成的工作的定义，它也通过自我的教化经历了某种变动。通过各种禁欲和控制的练习（它们构成了必要的节制），自我认识的地位变得更加重要：在一系列明确规定的活动中自我证实、自我检查和自我控制，其目标是将真理问题——即人是什么、人做什么和人能够做什么的真理问题——置入塑造道德主体的核心中。最后，这一阐释的终点仍然总是被个体对自己的主权所规定的；但是这一主权扩大到了一种经验之中，即与自我的关系不仅带有控制的形式，而且具有没有欲望和麻烦的享乐形式。

不过，人们离一种与罪恶联系在一起的性快感经验尚远，因为后者要求行为必须服从普遍的法律形式，以及欲望分析是达至一种纯洁的生活必不可少的条件。但是，我们已经可以看到恶的问题怎样开始影响古代的力量主题，法律问题怎样开始改变艺术和"techne"（技术）的主题，真理问题和自我认识的原则怎样在苦行的实践中发展起来。但是，最好首先搞清楚自我的教化是在什么背景和为了什么原因而发展起来的，确切地说，它是在我们刚才所发现的形式之下发展出来的。

第三章

自我与他人

关于自我教化的这一发展和随后在快感伦理中发生的拐点，历史学家们的工作可以提供一些原因。其中有两个原因尤其重要：婚姻实践的变化和政治游戏规则的变更。在这简短的章节中，我将就这两个主题重新利用古代历史研究曾使用过的一些基本概念，勾勒出一种整体假说的框架。问题是，婚姻和夫妻的新的重要性，以及政治角色的重新配置难道没有在这种本质上是一种男人道德的道德中引发一种对与自我关系的新的质疑吗？它们所能激发的，不是一种对自我的反省，而是一种在与女人、他人、事件、公民的和政治的活动的关系中自我反思的新方式，另一种自视为自己快感的主体的方式。自我的教化将不是这些变化的必然"结果"；它不会是它们在意识形态次序中的表现。它构成了一种带有新的生存风格的独特的回答。

一

婚姻的作用

在希腊化或罗马的文明中，对于不同的地区和社会阶层
来说，什么是婚姻实践实际的范围，这很难说。然而，历史学
家们可以确定——文献资料能够让人们做到这一点——某些变
化，或者是体制形式的变化，或者是夫妻关系结构的变化，或
者是它们可能获得的意义和价值的变化。

首先，从体制方面来看。婚姻是属于家庭及其权威范围
内的私人行为，它所遵守的一些准则亦是属于它自身的。在希
腊和罗马，它都不要求公共权力部门的介入。它在希腊是一种
"旨在确保家庭长久"的实践，它有两种基本的和富有活力的
活动，一种是父亲行使的监护权移交给丈夫，另一种是妻子被
托付给她的配偶。① 于是，它构成了一种"私人的交易，一种
两个户主之间的协商事务，其中，一个是现实的户主，他是女

———————

① J.-P. 布鲁德胡克斯：《亚历山大的克莱芒的婚姻和家庭》，第 16—17 页。

儿的父亲，另一个是潜在的，他是未来的丈夫"。这一私人事务"与政治的和社会的组织没有任何关系"。① 同样，对于罗马的婚姻，J.A. 克鲁克和 P. 维尼指出，它原本只是一种"取决于各方意愿的"、"以婚礼为标志的"、具有"法律效果的"但又不是"一种司法行为的"事实状态。②

在希腊化世界里，婚姻逐渐在公共领域中占有了一席之地。这样，它就超出了家庭的范围，但是，同时又产生了一种悖论，即家庭的权威要"在公共领域里"得到认可，但它又是相对有限的。CI. 瓦丁认为在希腊化世界里，这一演变得到了宗教典礼的支持，可以说，宗教典礼成了私人行为和公共体制之间的中介。在概述这一转变（我们可以看到公元前 2 世纪和前 1 世纪里这一转变带来的各种后果）时，他写道："显然，婚姻从此以后超出了家庭的体制，作为古代私人婚姻的遗迹的亚历山大式的宗教婚姻还是一种公民体制：这就是整个城邦通过一位官员或祭司来认可婚姻。"在比较了亚历山大城的情况与乡间社会的情况之后，他补充道："在地方上和在首府里，人们以各种不同的方式参加到一种私人体制迅速向公共体制的 *101* 演变过程中。"③

在罗马，我们可以看到同样一种完全的演变，尽管它使用

---

① CI. 瓦丁：《对希腊化时代婚姻和已婚妇女的处境的研究》，第 4 页。
② J.A. 克鲁克：《罗马的法律和生活》，第 99 页及次页；P. 维尼：《罗马的爱情》，载《E.S.C. 年鉴》，1978 年，1，第 39—40 页。
③ CI. 瓦丁：《对希腊化时代婚姻和已婚妇女的处境的研究》，第 4 页。

了各种不同的方式，而且一直到很晚，婚姻都主要是"一种私人的典礼，一种节日"。[①] 一整套的立法措施表明了公共权力是一点一点地控制了婚姻体制的。著名的"通奸法"就是这一现象的表现之一。它之所以非常令人感兴趣，是因为在惩罚与另一个男人通奸的已婚妇女和与一个已婚妇女通奸的男人（与一个未婚的女人通奸的已婚男人不在此列）时，这一法律没有对事实的认定提出任何新的东西。它完全继承了伦理评价的传统图式，它把原来属于家庭权威的制裁权转给了公共权力。

婚姻的这种逐步"公共化"伴随着其他一些转变，不过，它同时是这些变化的后果、中介和手段。根据各种材料，婚姻或姘居行为成了普遍现象，或者至少已经扩散到人口中的更多部分。在婚姻的古代形式中，其利益和存在的理由就在于，它完全是一种私人行为，带有法律效力或至少是地位：传承姓氏、培养继承人、组成姻亲系统、合并财产。只有对于那些能够在这些领域里阐发出各种策略来的人才是有意义的。正如 P. 维尼所说的："在异教社会里，大家都不结婚，都远离婚姻……当人结婚时，婚姻符合一个私人目标：把家产传给子孙，而不是传给家庭中的其他成员或朋友的儿子；还符合一种种姓方针：让公民们的种姓天长地久。"[②] 用 J. 鲍斯维尔的话来说，婚姻"对于上流阶层来说在很大程度上是家族的、政治的和经济的事情"。[③] 至于穷人阶层，我们对他们的婚姻情况知

①② P. 维尼：《罗马的爱情》，第 39—40 页。
③ J. 鲍斯维尔：《基督教、社会宽容和同性恋》，第 62 页。

之甚少，不过，我们可以像 S.B. 博梅霍伊那样认为，有两个相互矛盾的因素可能在起作用，它们与婚姻的经济作用有关：妻子和孩子们可以成为自由的贫穷男人的有用的劳动力；但是从另一个方面来看，"存在着一定的经济水平，低于它，男人就别想养活妻子和孩子"。[①]

各种支配婚姻的经济的和政治的律令（让婚姻在某些情况下是必要的，而在另一些场合下则是无用的），已经失去了它们的部分重要性，因为在特权阶层中，地位与财富都取决于皇亲国戚、"公民的"或军事的"职业"和"事业"上的成功，而不仅仅是家族的联姻。婚姻愈缺少各种不同策略的重负，它就愈加"自由"：选择妻子的自由，决定结婚与否的自由，权衡结婚利弊的自由。同样，在处于不利地位的阶层中，婚姻成了——超越了可以让它变得重要的各种经济原因——一种关系形式，它的价值就在于建立和维护了强有力的个人关系，包括共享生活、互相帮助和道德支持。总之，对墓志铭的研究可以表明，在非贵族政体的环境中联姻的相对频率和稳定性。[②] 我们还有关于奴隶婚姻的证据。[③] 无论人们对于婚姻实践的范围问题的回答是什么，婚姻实践已经变得更加容易进入了；让人们对它"感兴趣的"门槛降低了。

103

[①] S.B. 博梅霍伊：《女神、妓女、妻子和奴隶》，1975 年，第 133 页。

[②] S.B. 博梅霍伊：《女神、妓女、妻子和奴隶》，第 209 页。

[③] P. 维尼：《罗马的爱情》，第 40 页；S.B. 博梅霍伊：《女神、妓女、妻子和奴隶》，第 193 页。

由此可见，婚姻看来愈来愈像是一种两位伴侣之间自由商定的联姻，他们之间的不平等虽然尚未消失，但是却大大减少了。在希腊化的时代里，尽管各地之间存在许多差异，但是妻子的地位比起古典时代——特别是比起雅典女人的处境——来已获得了独立。这一相对的变化首先在于男公民的地位已经失去了他在政治上的部分重要性。它还在于妻子的作用——她的经济作用和她在法律上的独立性——得到某种积极的加强。某些历史学家认为，一些材料揭示了岳父的介入在婚姻中愈来愈起不到决定性的作用了。"作为婚姻体制的保护者，父亲让女儿出嫁，这是很时兴的事。但是，某些契约却只是在一位男人与一位女人之间达成的，约定共享他们的生活。已婚女儿反对父权、自我作主的权利也开始被大家认可。根据雅典法、罗马法和埃及法，父亲有权违反女儿的意愿解除她的婚姻。然而，很久之后，在实行埃及法的罗马属地埃及，父亲对已婚女儿的权威受到了一些司法判决的否定，它们认定妻子的意愿是决定性的因素。若是她还想保持婚姻，那么她可以这样做。"[①] 婚姻日益成了两位伴侣个人之间自愿达成的一个契约。年轻的姑娘她的父亲或老师郑重地托付给丈夫"被嫁出去"，这种方式"趋于消失"。传统上决定婚后财产权这一关键方面的契约最后只在各种书面婚姻的情况下继续有效，并通过各种相对于个人的条文得到完成。妻子们不仅获得了她们的嫁妆，愈来愈自由

_____

①　S.B.博梅霍伊：《女神、妓女、妻子和奴隶》，1975年，第133页。

地在婚姻中处理这些嫁妆，即使离婚，某些契约也要求把这些嫁妆归还她们，而且还可以获得她们那部分的继承权。

至于婚姻契约要求丈夫们承担的义务，CI. 瓦丁的研究揭示了希腊化时期的埃及经历了一次富有意义的变化。在公元前 4 世纪或公元前 3 世纪的材料中，妻子承诺的义务是服从丈夫、没有丈夫的允许白天或夜里不出门、不和别的男人通奸、不毁坏家庭和不给丈夫丢脸。相反，丈夫必须供养他的妻子，不在家里养小妾，不虐待他的妻子，不在外面养私生子。以后，那些被研究的契约详细说明了丈夫所承担的更加严格的义务，明确规定他负有满足妻子需要的职责，而且严禁他有情妇或娇娃，不得有另一处房子（他可用来养小妾）。正如 CI. 瓦丁指出的，在这一种契约中，"丈夫的性自由受到了质疑。妻子现在与丈夫一样是排他的"。这些婚姻契约让丈夫和妻子进入了一套义务或职责的系统之中，当然，这些义务或职责不是平等的，而是分享的。这一分享不是为了尊重夫妻双方所代表的家庭，而是为了这对夫妇本身，为了他们婚姻的长久和自我调节。①

这些被明确认定的职责要求和揭示了夫妻之间有着各种比以往更加紧密的婚姻生活方式。若是各种规范不适应一种新的态度，那么它们将不会出现在婚姻契约之中。同时，它们还应该比以往更多地把婚姻事实纳入他们的生活之中，以此来约

———————

① CI. 瓦丁：《对希腊化时代婚姻和已婚妇女的处境的研究》，第 203—206 页。

束夫妻双方。CI. 瓦丁写道，建立在双方同意之上的婚姻体制"产生了存在一种婚姻共同体的观念和这一由一对夫妇构成的现实具有比其组成成员优越的价值"。[1]P. 维尼在罗马社会中也发现了与此有点类似的演变："在共和国时期，夫妻双方都有明确的作用，这种作用有时是完整的，夫妻之间的爱情关系就是他们可以做到的……在帝国时期……婚姻的功能是基于良好理解和良心法则的。由此而产生了一种新的观念：男主人与女主人这一对夫妇。"[2]

因此，在这一婚姻实践的演变中，有着各种各样的悖论。这一实践企图从公共权力方面寻求保证，然而它成了一种在私人生活中日益重要的事务。它摆脱了推崇它的各种经济的和社会的目标，同时又使自身普遍化了。它对夫妻双方愈来愈具有约束力，愈来愈受到人们的支持，好像它要求得愈多，获得也愈多。婚姻成了更加普遍的实践、更加公开的制度、更加私人化的生存方式，对配偶的约束力越来越强，因此也就更加有效地在其他社会关系的领域里孤立出一对对夫妻来。

显然，要想精确地确定这一现象的广度，这是困难的。手头的材料针对的是一些特殊的地区，而且只涉及某些阶层。因而，把这一现象当成一种普遍的和广泛的运动，这就带有了思辨性，尽管各种迹象通过自己的离散的特点表现出了相当的一

---

① CI. 瓦丁：《对希腊化时代婚姻和已婚妇女的处境的研究》，第 274 页。
② P. 维尼：《罗马的爱情》，《E.S.C. 年鉴》，1978 年，1。

致性。总之，若是考虑到公元初几个世纪里有关这方面的其他文本，那么婚姻看来是男人（因为只有他们的见证）的一个更加重要的、更加强烈的、更加困难的和更加可疑的经验中心。因此，对于婚姻，我们不仅应该把它理解成对家庭或城邦有益的制度和根据持家有道的规则管理家务的活动，而且还要把它看成是作为婚姻"状态"的生活方式、共享的生存和在这种关系中两位伴侣之间的个人联系和各自的位置。这并不是说，婚姻生活根据它的古老图式排除了夫妻之间的亲近和情感。但是，在色诺芬提出的理想中，这些情感显然是与丈夫的地位及其被赋予的权威直接相关的（它既庄重又强烈）。伊斯索马克在其年轻的妻子的眼里有点像父亲，他耐心地教导她应该做什么；一旦她作为女主人的工作做得很好，他就会一辈子尊重和爱她。在帝国时期的文学作品中，我们发现了对于一种极其复杂的婚姻经验的一些见证。对丈夫角色的思考，对夫妻关系的性质和形式的思考，对自然的和法定的优越性与可以达到相互需要和依赖程度的感情之间相互作用的思考，都充分说明了对"夫妻荣誉"伦理的寻求。

108

我们不会忘记，普林尼在他的一些书信中把自己描述成"夫妇个体"，并把这一形象与另一位好丈夫伊斯索马克进行对比。在他写给妻子的著名信件中，他说她不在身边让他伤心落泪。这里所表现的，像在其他书信中一样，不仅仅是男人让妻子欣赏自己的文学作品和演说的成功，而是男人对自己妻子的一种强烈的爱情和一种十分强烈的肉欲，以致当她不在身边时，他无法不让自己日夜寻找她。"您无法相信我有多么想念您：首先，是因为我爱您，其次是我们还没有分离的习惯。这就是为什么在大部分的夜里我都会梦见您的样子；这就是为什么在大白天，到了我习惯去看您的时间时，我的双脚会情不自禁地走到您的房间；这就是为什么我会感到悲伤和痛苦，好像房门未关，我又回到了您那空荡荡的房间里。只有当我走上讲台、被朋友们的案件吸引时，我才能摆脱这种折磨。当我必须在劳动中寻求休息、在烦恼和忧虑中寻求安慰时，您可以想象出我的生活是什么样子了。"① 这封信中的一些说法值得注意。一种个人的、具有强烈爱情的和独立的夫妻关系，其独特性与丈夫的地位、权威及其家务责任的独特性一起，在这里都是一清二楚的。爱情在此被小心地与通常的生存共享区别开来，即使这两者以合法的方式都有助于使妻子的存在变得珍贵，使她的缺席变得痛苦。另一方面，普林尼强调了多种传统的爱情迹象：出现在夜梦中的各种画面，下意识的来回走动，四处寻找失去的对象。然而，这些属于负面情感的传统描绘的行为在此却得到了正面的呈现。或者，换言之，丈夫的痛苦、左右他的情感波动以及他被自身欲望和忧伤所支配的事实都被当作夫妻爱情的正面的标志。最后，在婚姻生活和公共活动之间，普林尼不是提出一个把家庭管理和对其他人的权威统一起来的共同原则，而是一种替代和补偿的复杂游戏。由于他没有从妻子那

---

① 普林尼：《书信集》，VII，5。

里获得幸福，所以他投身到公共事务之中了。但是，为了在这一外在生活的麻烦中摆脱他私生活中的忧伤，他的伤口必须是滴血的。

在其他一些文本中，我们看到夫妻关系已经摆脱了婚姻功能、丈夫的法定权威和家务的合理管理的束缚，从而表现为具有自身力量、问题、困难、责任、利益和快感的一种特殊关系。我们可以援引普林尼的其他书信并在鲁甘或塔西佗那里找到迹象。我们还可以参考斯塔西这首有关夫妻爱情的诗歌：婚姻状态是两种命运在一种不朽的感情中的融合，其中丈夫接受他的感情束缚。他写道："维纳斯在我们的花季年龄里，让我们结合；当我们垂垂老矣，维纳斯仍然支撑着我们。我满意和顺从（libens et docilis）你的法则；我不会打断我日益感受到的一种关系……这块土地让我为了你而生（creavit me tibi）：它已经永远地把我的命运与你的命运联系在一起了。"①

显然，没有必要在这些文本中寻找帝国时期婚姻生活的实际情况。它们表现出的诚意不足为凭。这都是些声称自觉地应用了一种理想夫妻模式的文本。千万不要把它们当作现实的反映，而应看作是一种要求，从这个意义上说，它才是现实的一部分。它们揭示了婚姻被质疑为一种生活的方式，它的价值本质上与"家务"（l'oikos）功能无关，但却与两个配偶之间的

---

① 斯塔西：《短诗集》，III，3，第23—26句和第106—107句。

一种关系方式有关。它们还揭示了，在这种关系中，男人必须不仅从地位、特权和家务作用出发，而且从相对于妻子的"角色"出发，规范自己的行为。最后，它们揭示了这一角色不仅是一种培养、教育、指导的管理功能，而且它还被纳入一种相互爱恋和依赖的复杂游戏之中。然而，若是有关良好的婚姻行为的道德反思长期以来真的在对"家务"及其内在必要性的分析中寻求它的原则，那么我们就不难明白会出现一些新问题，这就是要确定人是如何在夫妻关系中被塑造成道德主体的。

二

政治游戏

作为自治实体的城邦国家从公元前 3 世纪开始衰落，这是众所周知的事实。人们通常从中看出了政治生活（公民活动是公民们真正的职业）普遍倒退的原因，并且认识到传统统治阶级没落的原因。城邦国家的衰落导致了自我反省的运动，特权集团通过自我反省把这种权威的实际丧失转变成自愿后退，愈来愈抬高个人生活和私人生活的价值。"城邦国家的瓦解是不可避免的。一般来说，在世界强权的统治下，人们感到无法控制，也无法改变……混乱主宰着一切……希腊化时代的哲学本质上是各种逃避的哲学，而且这种逃避的主要手段就是培养自主性。"①

如果城邦国家自公元前 3 世纪以降丧失了它们的自主性（不过，城邦还存在），那么把在希腊化和罗马时代里可能发

---

① J. 费尔古松：《古代世界的道德价值》，第 135—137 页。

生的政治结构的变化的本质归结于这一现象，这显然是有争议的。同样，从中寻找解释可能发生在自我的道德反思和实践中的变化的基本原则，也是不充分的。事实上（关于这一点，我们必须参考19世纪精心刻画的那些恰好开启了怀恋城邦国家的伟大形象的历史学家们的著作），希腊化时代的专制体制和罗马帝国的体制不能简单地根据有关公民生活的衰落和权力被日益遥远的国家机构所控制的否定术语来分析。与此相反，我们最好强调地方的政治活动并没有因为这些整体结构的建立和强化而被扼杀。城邦的生活及其制度规则、目标、斗争并没有随着城邦所在的范围的扩大和君主权力发展的影响而消失。面对一个将会丧失各个基本政治团体的非常广大的宇宙的担忧，这很可能是在追溯历史时赋予希腊—罗马世界的人们的一种情感。希腊化时代的希腊人没有必要因为"希腊文明是一个城邦世界"而逃避"没有城邦的伟大帝国的世界"。F.H.桑德巴克在批评认为在城邦体制瓦解之后哲学成了"一个避风港"时，首先提请人们注意，以往"城邦国家从没有提供过安全保证"，不久，"在军事力量转移到伟大的君主政体的手上之后"，[1] 城邦国家继续是首要的和规范的社会组织的形式。

114

与其说中央集权的帝国主义削弱了或取消了政治活动，我们不如应该思考一下一个复杂空间的组织：比起那些小城邦国

---

① F.H.桑德巴克：《斯多葛派》，第23页。

性经验史第三卷：自我的关心

家来，它更加广大，更不连贯，也更不封闭；比起人们在公元前3世纪的重大危机之后尝试建立的专制的和官僚的帝国来，更加灵活、更有差异，也更少严格的等级制。在这个空间中，权力的中心是多样的，而且，有着许许多多的活动、紧张和冲突，它们有着多种发展方向，经过各种不同的妥协才达成平衡。事实上，希腊化的君主制远不是要压抑、束缚或从下到上重组地方政权，而是依靠它们，利用它们作为征集定期贡品、征收额外税收和供应军需品的中介。[1] 而且，一般来说，罗马帝国主义倾向于这种解决方式，而不是直接进行管理，这也同样是事实。市政化的政策一直是一种相当固定的路线，其结果就是在帝国这个更大的范围里激发城邦的政治生活。[2] 如果迪翁·卡斯乌斯借梅塞尼之口说出的话相对于奥古斯都听取并实行的政策建议来显得不合时宜，那么它代表着公元头两个世纪里帝国统治的某些重大趋向：即寻找"帮手和同盟者"，让掌权的主要公民心平气和，劝说"被统治者注意统治者不是把他们当作奴隶的"，而是与他们分享利益和权力，引导他们认识到"他们只是形成了一个伟大城邦"。[3]

那么，我们是否可以讨论传统贵族统治的没落、对它们的政治剥夺以及由此而来的自我反省呢？当然，这种转变有着各种经济的和政治的因素：消灭对手和没收财产都起了作用。此

---

[1]　M.I. 罗斯托夫采夫：《希腊化世界的社会经济史》，II，第1305—1306页。

[2]　J. 伽热：《罗马的社会阶级》，第155页及次页。

[3]　迪翁·卡斯乌斯：《罗马史》，LII，第19页。

第三章　自我与他人

95

外，还有各种稳定的因素：地产在家产中的重要性，[1] 或者，还要注意到这一事实，在这种社会中，财产、影响、声望、权威和权力通常是相关的。但是，对于道德反思的新的着重点来说，最重要的和最具决定性的现象不是指传统的领导阶级的消失，而是我们能够观察到的权力运作条件的变化。这些变化首先是指招聘，因为这是如何面对既复杂又庞大的行政机构的需要的问题。梅塞尼曾对奥古斯都说过：为了治理，必须根据适时和适当的规律增加元老和骑士的人数。[2] 事实上，这些集团在公元最初几个世纪里获得了相当程度的扩大，但是，即使相对于全部人口来说，它们也只是非常微弱的少数。[3] 这些变化还影响到他们应起的作用和在政治游戏中的地位：当然，这是相对于皇帝及其近臣、顾问、钦差大臣们来说的。在等级制的内部，竞争是相当重要的，但是它的方式与竞技社会里的竞争方式截然不同；而且，职务的任免都直接取决于君主的好恶。这些集团几乎总是处在最高权力（它的各项命令必须得到传达或执行）与个人、集团（必须毕恭毕敬）之间的地位上。这就是罗马行政管理所需要的"骑士贵族制"，正如西姆所说的，这种行政方面的贵族制"为管理世界"提供了各种不同的必需的代理人的范畴——"军官、财务官员和行省总督"。[4]

假若我们想了解这些精英在个人伦理、日常行为的道德、

---

① R. 麦克米利安：《罗马社会关系》，第 125—126 页。

② 迪翁·卡斯乌斯：《罗马史》，LII，第 19 页。

③ C.G. 斯塔尔：《罗马帝国》，第 64 页。

④ R. 西姆：《罗马论集》，II，第 1576 页。

私人生活和快感方面产生了什么兴趣，那么我们不应该说这是堕落的、令人沮丧和不快的。相反，我们应该看到他们正在寻找一种思考自我与自身地位、作用、活动和职责的正当关系的新方式。古代伦理内含一种约束自我与约束其他人之间的紧密联系，因而必然要求一种与其地位相配的生存美学，但是，新的政治游戏规则让对人是什么、他能够做什么和他应该完成什么之间关系的界定变得更加困难了；把自我塑造成自我活动的伦理主体，这也受到了更多的质疑。

　　R.麦克米利安认为罗马社会具有两个本质特征：生活的公开性和差异的严重"垂直性"（极少数的富人与绝大多数的穷人之间的差距不断扩大）。① 从这两个特征的交叉点上，我们认识到社会地位的差异、它们的等级制、显著的特征、小心而大胆的表现的重要性。② 我们可以认为，政治生活的各种新条件改变了地位、职务、权力和职责之间的关系，由此产生出两种对立的现象。因为它们的对立在罗马帝国时代的初期就出现了。一方面，当时强调一切可以让个人通过社会地位来确定身份的东西，以及各种最显著地表现个人的要素；人们力图通过一整套的举止、衣着、住房、慷慨庄重的样子、花钱的方式等标志尽可能地符合自己的地位。对于这些人们借以证实自己凌驾于别人之上的优越性的行为，麦克米利安揭示了它们

---

① R.麦克米利安：《罗马社会关系》，第93页。
② R.麦克米利安：《罗马社会关系》，第110页，参见塞涅卡：《书信集》，31，11；埃比克泰德：《对谈录》，III，14，11；IV，6，4。

是怎样频繁地出现在罗马贵族制之中，并且达到了何等激烈的程度。但是，在另一方面，我们看到了界定在纯粹的自我关系中的人的态度：这就是把自我塑造和理解为自己活动的主体的方式，不是通过一套标志着约束其他人的权力的符号，而是通过一种尽可能独立于地位及其外在形式的关系，因为这种关系是在人对自我的主宰中形成的。对于政治游戏的新形式，对于视自我为从出生到履行职责、权力、义务、使命、权利、特权、服从的活动主体的困难，我们可以通过强调一切可以辨识的社会地位的标志，或者通过探寻一种对于自我的充分关系来回答。

这两种态度通常被视为和描写为彼此之间严格对立的两极。因此，塞涅卡指出："我们要探寻某种无法阻挡的、愈来愈外在化的东西。那么，这种东西是什么呢？这是灵魂，我指的是一种正直的、善良的和伟大的灵魂。它只能被定义为说：一位成了要死之肉体的主人的神。这种灵魂可以降生在一位罗马骑士的肉体中，就像降生在一位自由民和一个奴隶的肉体里一样。那么，什么是罗马骑士呢？什么又是自由民和奴隶呢？这些名称都来自尊严和不义。人们可以从最卑贱的家庭上升到天庭。因此，要站直了！"[1] 这也是埃比克泰德要求自己的一种生活方式，他把它与一位虚构的或实际的对话者的生活方式进行了对比："你自己的事情就是生活在大理石的宫殿里，监督

_____

[1]　塞涅卡：《给鲁西里乌斯的信》，31，11；47，16。《论善行》，III，18。

奴隶和役从为你服务，身穿花哨的服装，养大批猎狗、琴师和戏子。难道我是随便和你讨论这一切吗？难道你也是一时兴起注意起各种判断的吗？注意起你自己的理性的吗？"[1]

人们通常把回归自我的论题或应该关注自我的论题在希腊化—罗马的思想中的重要性解释成在公民活动和政治责任之间的抉择。确实，某些哲学思潮提出了摆脱公共事务及其引发的麻烦和激情的建议。但是，主要的分界线不在于这种要么参与、要么禁绝的选择。自我的教化也不是在与积极生活的对抗中提出自己的价值和实践的。相反，它更多的是要界定与自我的关系的原则，这种原则可以确定一种政治活动、一种行政活动和一种履行职责的活动是否可能、是否必要或是否被接受的形式和条件。在希腊化—罗马的世界里所发生的重要的政治转变都可能引出某些反省的行为；但是，它们特别是以一种更加一般、更加本质的方式引发了对政治活动的质疑。我们可以简要地规定这种质疑的特征。

1. 一种相对化。在新的政治游戏中，行使权力从两个方面被相对化了。一方面，即使因出身而注定当官，一个人也不再认同自己的身份，认为自己接受它是理所应当的；或者，不管怎样，如果有许多理由和最好的理由来促进公共的政治生活，那么只有出于个人自愿行为的原因和结果的方式才是好的。普鲁塔克给年轻的梅尼马克的论文就带有这种观点：他

---

[1]　埃比克泰德：《对谈录》，III，7，37—39。

谴责把政治当作一种偶然的活动的态度。但是，他拒绝把它看成是地位的某种必然的和自然的结果。他说，不应该因为人无事可做和有利的环境，就把政治活动视为一种人所热衷的闲暇活动（schole），而一旦困难临近，人就会毫不怜惜地放弃它。① 政治就是"一种生活"和一种"实践"（bios kai praxis）。② 但是，人只能通过自由的和自愿的选择才能从事这种实践。普鲁塔克在此使用了斯多葛派的专门术语——proairesis（慎重的选择）。这种选择应该建立在判断和理性（krisis kai logos）之上：③ 这是坚定地面对所能提出的各种问题的唯一方式。从事政治活动就是一种"生活"，包含着个人的持久承诺；但是其基础、自我与政治活动之间的联系、把个人塑造成政治活动者的东西不是——或者不只是——他的地位，而是在由他的出身和地位所规定的一般范围内的个人活动。

但是，我们还可以在另一个意义上讨论这种相对化。除了君主本人外，人都是在一个网络的内部行使权力，其中人只处在中间的位置上。一个人总是以某种方式既是统治者又是被统治者。亚里士多德在《政治学》④ 中也提到这一游戏，但是是以一种交替的或轮换的方式提出的：人时而是统治者，时而是被统治者。与此相反，根据人通过发布和接受命令、控制和

---

① ③　普鲁塔克：《管理国家的戒律》，798c—d。
②　普鲁塔克：《管理国家的戒律》，823c。
④　亚里士多德：《政治学》，I，12，1259b。

做出决定的要求之间的相互作用表现为既是统治者又是被统治者的事实，阿里斯蒂德发现了良好统治的相同原则。[①] 塞涅卡在《自然问题》第四卷的序言中，提到了罗马高级官员的这一"中间的"处境：他告诫鲁西里乌斯注意他在西西里所行使的权力不是一种君主权力（un imperium），而是代行管理权，他不应该逾越权限：这就是在行使这种权力中获得快感（delectare）和享受余下的闲暇的条件。[②] 普鲁塔克因此提出了这种处境的双向性。他告诫年轻贵族没有必要成为同类人中的显要人物，而应该与"领导人"（hegemones），即与罗马人保持关系。普鲁塔克批评那些为了更好地在自己的城邦里树立权威而在罗马帝国的政府代表面前表现出奴性的人。他告诫麦尼马克要在这些政府代表的面前完成必要的职责，并且与他们维持有益的友谊，但是决不要玷污自己的祖国，也不要自寻烦恼地要求在一切问题上作主。[③] 行使权力的人都必须置身于具有各种复杂关系的领域里，其中他只处在一个过渡点上：[④] 他的地位可以让他置身于此，但是，并不是他的地位确定了所遵守的规则和限制。

2. 政治活动和道德行为者，一个城邦只有在其首领是有

---

① 阿里斯蒂德：《罗马颂歌》，29—39。

② 塞涅卡：《自然问题》，IV，序言。

③ 普鲁塔克：《管理国家的戒律》，814c。

④ 还参见普鲁塔克用人应该知道怎样向下属们详细交代某些任务的方式来反驳的一段话。

德性的条件下，才能是幸福的和秩序井然的，这是希腊政治思想中最常见的主题之一。反过来说，城邦的良好制度和明智的法律是官员们和公民们的正确行为的决定因素。在罗马帝国时代的所有政治思想中，统治者的德性总是被认为是必要的，但是理由各有点不同。这种德性之所以必不可少，并不是因为它是整体和谐的表现或结果；而是因为在艰难的统治艺术中，统治者在身处许多陷阱的情况下，必须以个人的理性作指导：他只有在知道如何支配自己的情况下才能恰当地支配其他人。迪翁·德·普鲁斯说，一个遵守法律和公平的人要比单纯的战士更加勇敢，要比被迫工作的人更加勤奋，他拒绝一切形式的放荡（大家知道：这些德性是所有人的德性，但是人最好是在更高的统治地位上的时候表现出这些德性来），这种人有一种"神性"（daimon），它不仅对他自己有利，而且对其他人也有利。① 统治其他人的理性同样也是控制自我的理性。普鲁塔克在《论未受教育的统治者》中说过：如果人不能管好自己，那么他就无法统治别人。然而，应该由谁来领导统治者呢？当然是法律。不过，千万不要把它理解为成文法，而应当作处于统治者的灵魂之中并且决不言放弃的理性（logos）。②

在这个政治空间中，城邦的政治结构及其通过的法律肯定丧失自身的重要性，虽然它们没有因此而消失，而且其中关键

---

① 迪翁·德·普鲁斯：《演讲录》，III。
② 普鲁塔克：《论未受教育的统治者》，780c—d。

因素愈来愈取决于人、他们的决定、他们行使权力的方式、他们在折冲樽俎中所表现的智慧，但是，自我控制的艺术似乎成了一个决定性的政治因素。人们认识到有关皇帝们的德性、他们的私人生活和他们如何控制自己激情的方式的问题的重要性：它确保了他们能够在行使政治权力中自我约束。但是，这一原则适用于任何统治者：他应该关注自我，引导自己的灵魂，树立起自己的"精神气质"（ethos）。

马克·奥勒留曾极为明确地阐述了这种有关政治权力的经验：一方面，它具有一种不同于地位的职业形式，另一方面，它又要求关注个人德性的实践。他曾两次描绘过安东尼皇帝，在其中最简短的一篇中，他提到安东尼皇帝接受了三种教训：一是不把自己等同于所担当的政治角色（"防止自己独裁，不要沉迷于此"），二是实践最普遍的德性（"在完成使命时"让自己保持"简单、纯洁、诚实、严肃、自然、热爱公正、虔诚、仁慈、热情和坚定"的德性），三是把哲学的戒律当作尊重诸神、援助他人和明白生命是多么短暂的戒律。① 在《沉思录》的开篇中，马克·奥勒留非常详细地勾勒出安东尼的另一种形象，即他有着规范自己生活的价值。奥勒留揭示了这些相同的原则是怎样规范他行使权力的方式的。通过避免无益的光环、虚荣的满足、狂怒和冲动，通过摆脱一切罪过和怀疑，通过远离献媚小人和聆听明智的和坦率的忠告，安东尼表现了他是怎样抛弃

124

---

① 马克·奥勒留：《沉思录》，VI，30。

"独裁"方式的。通过表现节制（在饮食、衣着、睡眠和男童方面），通过持之以恒的有节制享用生活的快乐，通过摒弃冲动和灵魂的平衡，通过培养长久的和合理的友谊关系，他掌握了"满足自我又不失宁静的艺术"。在这些条件下，履行皇帝的职责可能成了一种严肃的职业实践，它要求付出许多的工作：事必躬亲，办案决不半途而废，不搞铺张浪费，对每件事精打细算，而且一抓到底。这一套自我塑造的方法对于人在不公开地认同各种权力标志之外还更好地完成这些任务来说是必要的。

埃比克泰德从自己的角度出发，提出了指导一位级别相对比较高的领导人如何完成自己使命的各项原则。一方面，他必须完成自己的义务，而不考虑自己的生活或个人利益。"你被任命为帝国某个城市的官员，你不是站在一个平庸的位置上，相反，你是生活的参议员。你难道不知道这种人应该少花时间过问自己的家务事，而是为了统治或服从，或者为了履行官员职责、作战和主持正义，几乎回不了家吗？"[①] 但是，如果官员必须抛开自己的私人生活及其琐碎小事，那么他作为理性的人的个人德性，应该成为他如何统治其他人的指导和规范原则。埃比克泰德向一位城邦巡视员解释道："用棒子打驴，这不是统治人的方法。要把我们当作理性的存在来统治，向我们指出利之所在，然后我们就会追求它。向我们指出害之所在，然后我们就会避开它。你要努力地让我们热心模仿你的人格……要

---

① 埃比克泰德：《对谈录》，III，24，3。

　　　　　　　　　　　性经验史第三卷：自我的关心

干这个，不要干那个，否则我就把你打入牢房：这不是人统治理性生物的方式。而是相反：像宙斯的命令一样，叫人做这个，否则你就会为此遭受痛苦和损失。是什么损失呢？就是你没有完成职责的损失。"① 正是合理存在的样式而不是僵死的规定，奠定和决定了统治者与被统治者之间关系的具体形式。

这种对政治工作的类似的模式化——有关皇帝或某个人怎样履行职责的方式——很好地揭示了这些活动形式怎样摆脱地位、转而成为一种要履行的职能的方式。但是，这并非微不足道，这种职能的界定是从一种治理他人的艺术的内在法律出发的，好像这是有关一种包含能力和手段的"职业"的问题。相反，要履行这种职能，就要从"回归个体自我"出发，就是说从个体在自我对自我的伦理工作中所建立起来的与自身的关系出发。普鲁塔克对一位缺乏这方面训练的君主说：一旦掌权，统治者应当"给自己的灵魂指出正确的方向"，恰当地规范自己的"精神气质"。②

3. 政治活动和个人命运。命运的起伏不定——或者是极度的成功引起了诸神的嫉妒，或者是人民的拥戴反复无常——显然是一个传统的思想主题。在罗马帝国的最初几个世纪里，在有关政治活动的反思中，这种内在于权力运作之中的不稳定性是与两个主题有关的。一方面，人们发现它是与对其他人的依

---

① 埃比克泰德：《对谈录》，III，7，33—36。
② 普鲁塔克：《论未受教育的统治者》，780b。

赖相关的。这当然不是用好运与厄运的循环来解释这种脆弱性，而是指一个人是置身于塞涅卡所说的"异己的力量"（potentia aliena）或"强大的力量"（vis potentioris）之下的。[1] 身处复杂的权力之网，人决不会单独地面对他的敌人；人处于来自四面八方的影响、诡计、阴谋和敌意之中。要想获得安全，人必须小心"不要冒犯任何人。有些时候，我们应该担心的是人民。有些时候，是那些在元老院颇有声望的人……有些时候，是那些获得人民的授权来统治人民的个人。要想与这些人都做朋友，是非常困难的；不让他们与己为敌，就相当不错了"。君主、元老和老百姓都是见机行事的，时而向你示好，时而又翻脸不认人，在他们这些人之间行使权力不能不如履薄冰："你已经履行了最高的职责：它们难道不像塞让（Séjan）的职责一样重要、意想不到和无限吗？但是，有一天，塞让在元老们的前呼后拥下，却被人民撕成了碎片。从诸神和人们尽可能给予他恩宠这一特权角度来看，他不会最终成了刽子手刀下的碎片。"[2]

对于这些梦呓及其可能引发的担忧，人必须首先准备好从长远的角度确定自己的抱负："不要等着让命运随意地打断我们，我们必须在毁灭到来之前的很长时间里就停止前进。"[3] 如果这一时刻到来了，人最好摆脱这些活动，因为它们让我们烦恼，妨碍我们关注我们自己。如果一个人突然受到不幸的打

---

① 塞涅卡：《给鲁西里乌斯的信》，14，4，3。
② 塞涅卡：《论精神宁静》，XI，11。
③ 塞涅卡：《论精神宁静》，X，7。

击，如果被贬和被流放，他应该对自己说——这是普鲁塔克给梅尼马克的忠告，而几年前他曾鼓励他"经过自由选择后"从事政治①——自己终于摆脱了对统治者的顺从，摆脱了铺张浪费的仪式，不必再提供什么服务，不必完成外交使命，不必交税。② 然而，对于没有受到什么威胁的鲁西里乌斯，塞涅卡告诫他逐渐地摆脱自己的使命，像伊壁鸠鲁要求的那样，在恰当的时候，能够听从自己的支配。③

对待政治活动应有的态度在于把人的存在、人不是由自己的等级决定的、人履行的职责、高于或低于其他人的地位都归因于普遍的原则。人的存在必须被作为终极目的来关心，它是一种原则，在每个人身上的表现是特殊的，但是在所有人中间又具有普遍的形式，它通过个人之间的社群纽带表现为集体的形式。这至少对斯多葛派来说，是存在于我们大家之中的作为神圣原则的人类理性。然而，这个神是"注定要死的肉体的主人"，它同样寄居在罗马骑士、自由民或奴隶的肉体之中。从与自我的关系来看，社会身份与政治身份不是一种存在方式的本来标志，而是外在的、人为的和非基本的符号。作为一位罗马骑士、一位自由民或一个奴隶，这意味着什么呢？这是支配源于尊严和不义的名字。④ "每个人都是自己道德的制造者，

129

---

① 大家都认为他对流放的论述与《管理国家的戒律》都是给同一个人的。
② 普鲁塔克：《论流放》，602c—e。
③ 塞涅卡：《给鲁西里乌斯的信》，22，1—12。
④ 塞涅卡：《给鲁西里乌斯的信》，31，11。

但是命运支配着它的用法。"[1] 因此，人必须根据这种法律实行这些用法，或者摆脱它们。

由此可见，认为道德反思中的政治活动本质上是一种简单的抉择——放弃或者参与，这种说法并不恰当。确实，人们经常以类似的说法提出这一问题。但是，这一抉择本身属于一个更加普遍的质疑：后者涉及的是人应该怎样在社会的、公民的和政治的活动整体中把自己塑造成道德主体。它涉及的是规定这些活动的方式，只在某些条件下是必要的或随意的、自然的或约定的、永恒的或暂时的、无条件的或说服的。它涉及的还有人在实践中必须运用的规则，为了在其他人中间有地位，人控制自我的正当方式，强调权威的合法部分的正当方式，以及在复杂的和多变的统治与屈从的关系游戏中自我定位的正当方式。选择脱身还是介入的问题确实一再出现，但是，所用的说法和经常被人提出的解决方法都很好地说明了，这并非单纯揭示了政治活动在反省道德中的没落。相反，它建立了一套伦理，可以使人与这些社会的、公民的和政治的各种不同活动保持一定的距离，把自己塑造成道德主体。

*

通过婚姻实践或政治游戏中的这些变化，我们可以看出传统

---

[1] 塞涅卡：《给鲁西里乌斯的信》，47，15。

的自我控制的伦理证实自身的条件发生了怎样的变化。这一伦理包含着一种在高于自我的优越性、表现在家政方面的优越性和表现为竞争社会里的优越性之间的紧密联系。而且，高于自我的优越性确保了人们能够和必须对另两者的适度的和合理的使用。

然而，自此我们发现，在世界上这些关系不能再以同样的方式运行：表现在家政方面和凌驾于妻子的优越性关系必须与某些形式的互惠和平等相结合；至于人们借以表现和确保自己对其他人的优越性的竞争活动，人们必须被整合进一个更加广大的和复杂的权力关系的领域之中。要使得高于自我的优越性原则成为伦理的核心，"自治主义"的一般形式就必须重建。这不是说它消失了，而是指它必须让位于婚姻生活中一种不平等性与相互性之间的平衡。而且，在社会的、市民的和政治的生活中，一定要让它把针对自我的权力和针对他人的权力区分开来。因而，对"自我"问题的重视，自我的教化在希腊化时期的发展及其在罗马帝国的初期达到顶峰，这些都表现了这种重新解释自我控制的伦理的努力。对与这三种控制（对自我的控制、对家政的控制和对其他人的控制）的紧密关系直接相关的快感享用的反思，也在这一解释过程中发生了变化。那么，这是否增强了公共的约束和禁忌呢？个人的反省是否伴随着对私人生活的强调呢？因此，我们必须把我们的思想转向一种主体的危机或一种主体化的危机：考虑到在个体如何被塑造成自己行为的道德主体方面的困难，以及在塑造自我的过程中发现让个体服从各种准则并且作为他的生存目的的东西的各种努力。

第四章

身　体

人们常常强调对医疗事物的兴趣在弗拉维扬和安东尼的时代有多么强烈和广泛。医学在很大程度上被视为公共利益的活动，[①] 一种高级的文化形式，与修辞学、哲学比肩而立。鲍威索克说过，在第二阶段的智者学派的演变中，医疗方法一直伴随左右，而且许多重要的修辞学家都接受过医学训练，或者对这一领域表示过兴趣。[②] 至于哲学，人们长久以来一直认为医学最接近它，即使在如何划定两者的界限方面存在着各种理论问题，并且还有彼此能力的对抗。在《健康戒律》的开场白中，普鲁塔克对这些争论作出了回答。他说，如果医生希望能够绕过哲学，那么它就错了；而且，如果大家指责哲学家们对健康及其机制的专注是越俎代庖的话，那么这也是不对的。普鲁塔克的结论是，大家必须考虑到医学在任何方面都不比自由技艺（eleutherai technai）*差，它可以带来优雅、不凡和愉悦。对于那些学习医学的人来说，它还引导他们获得一种非常重要的知识，即有关拯救和健康的知识。[③]

因此，医学并不只是被理解成一种干涉技术，遇到有人生

---

① G.W. 鲍威索克：《希腊智者》；还可参见 C. 阿尔比特：《希腊医学在罗马》，以及 J. 斯卡尔博胡希：《罗马医学》。

② G.W. 鲍威索克：《希腊智者》，第 67 页。塞尔斯在他的《论医学》（"序言"，维德雷尼译，第 21—23 页）中，说明了医学是随着"规训文学"的发展而诞生的。

* 指包括文法、修辞、辩证法、几何、天文等自由技艺，又译"博雅艺术"。——译者注

③ 普鲁塔克：《健康戒律》，122d—e。

第四章 身 体

病，就要求助于药剂或动手术，它还必须是一种知识和规则的全书，规定一种生活方式，一种与自我、自己的身体、饮食、睡眠、不同的活动和环境发生审慎关系的方式。医学必须是养生法，提供一种自愿的和合理的行为结构。讨论的热点之一就是这种医学化的生活应该对医生的权威表现出的依赖程度和方式。医生们有时为了最细致地教导病人而控制了病人的生活，这种方式成了批评的对象，如同哲学家的精神指导一样。塞尔斯令人信服地指出养生医学具有高度的理性价值，他认为身体健康的人不应受医生的左右。① 有关养生法的文章是以确保这种自主性为目的的。要避免经常去看医生——因为这通常是不可能的，也不是人们希望的，人们必须要有一种常备的医学知识。这就是阿泰内提供的建议：年轻时，人们要充分掌握生存和长寿的知识。在日常情况下，他的健康建议是："对于大家来说，要达到经常为自己提供有利健康的建议，不仅要学习其他科学，还要学习医学，遵从这门艺术的戒律，这是有用的或者说是必要的。因为我们不会每日或每夜需要医生。因此，我们散步、我们坐着、我们热情洋溢、我们洗澡、我们吃饭、我们喝水、我们睡觉或醒来，一句话，无论我们做什么，在整个

_____

① 在其医学著作的"序言"中，塞尔斯区分了养生医学（victu）、药剂医学（medicamentis）和手术医学（manu）。专攻第一类医学的人，"很多是最著名的，他们要求不惜一切代价深化某些问题，着手探究事物的本性"（第23页）。当一位身体健康的人不听医生的话时，不要去阻止他（Ⅰ，1，第40页）。

生命过程和不同的地位中，我们需要有关这种有用的和方便的生命享受方面的建议，否则，总是事无巨细地向医生说出一切，不仅累人，而且也是不可能的。"① 在此，我们轻易地认识到自我实践的本质原则之一：为了控制自我，要用一种"乐于助人的话语"武装起来，人们很早就要学会这种话语，经常重复和思考它。医学"话语"就是如此，它规定了每个时候哪种养生法是好的。

理性的生活不能没有"健康的实践"（hugieine pragmateia on techne），它构成了日常生活的永久框架，让人可以在任何时候知道做什么和怎么做。它包含着一种对世界的医学感知，或者至少是一种对生活空间和环境的医学感知。周围情况的各种要素被看成带有对健康有利的或不利的影响。人们认定在个人与周遭之间有着干扰现象，它使得事物之间的某种格局、某种事件和某种变化会给身体带来有害健康的影响。反过来，某种虚弱的体质也会得到某种环境的帮助或破坏。因而，人们经常对周围情况进行详尽的质疑，有分别地对与身体相关的周围情况进行评估，认为身体变得脆弱也与周围情况有关。我们可以援引安蒂洛斯对家的建筑、方向和布局的不同医学"变量"的分析作为例证。其中每一个要素都有着养生的或治疗的意义。一个家有着一系列的房间，它们对于各种可能的疾病都有着有害

① 阿泰内，载奥里巴斯的《希腊—拉丁医学文集》中，"作者不确定的著作"，XXI，比斯马克和达伦伯格编辑，III，第164页。

或有利的影响。底层的房间对危急病人、咯血病人和头痛病人是有好处的；顶层的房间有利于患黏液病的人；朝南的房间对病人都是好的，除了专门需要寒冷气温的病人之外。朝西的房间则不好，因为它们在早上是阴暗的，到了晚上又会引起头痛。刷上石灰的房间白得耀眼，会让狂躁病人做噩梦的。石墙则过于寒冷，唯有砖墙是最好的。①

不同的时间——白天、季节和时期——同样也有着各种医学意义。一种细心的养生法应该能够精确地确定各种时间的关系和各种对自我的关切。以下是阿泰内针对冬季提出的建议：在城邦和家中，要寻找有屋顶的和温暖的地方，穿上厚厚的衣服，"呼吸时要用衣服的一部分遮住嘴"。至于饮食，要选择"能让周身发热和溶化受寒而冻结的和变稠的体液的食物。饮料包括蜂蜜饮料、蜜酒、芬芳的陈年白葡萄酒，还有可以吸收一切湿度的饮料。但是，要减少饮料用量；干的食物将易于制作、发酵、烘烤和保持干净，要把它与茴香搅拌在一块。要吃蔬菜、芦笋、韭葱、煮熟的洋葱和辣根菜，要吃各种鱼，它们易于被身体各部分吸收。要吃肉类、家禽、山羊和小猪，要吃用胡椒、芥末、芝麻和醋搅拌在一起的调味品。还要进行相当强烈的运动、屏息、相当严格的擦身，特别是在火边的擦身。此外，在游泳池或小浴缸里洗热水澡也是有好处的，等等。"②

---

① 安蒂洛斯：收在奥里巴斯的《医学大全》中，II，第307页。

② 阿泰内：收在奥里巴斯的《希腊—拉丁医学文集》中，"作者不确定的著作"，XXIII，第3卷，第182页及次页。

相比之下，夏季养生法在细致方面也毫不逊色。

这种对环境、地点和时间的关注要求我们不断关注自我、关注人的状态和举止。塞尔斯曾告诫那些特别脆弱的公民和学者（litterarum cupidi）要保持高度警惕：若是消化得好，一大早就应该起床；若是消化不良，就要休息；若是不得不立即起床，那么回来后还应该再睡一觉。若是没有完全消化，那么就要睡个好觉，即"不要劳动、锻炼，也不要做事"。早上起来，"若是小便先是白色，后呈淡红色，那么第一种颜色表示正在消化，另一种颜色则表示消化已经完成"。这样，人就知道自己是健康的。如果白天事务繁忙，那么一定要留一点时间来恢复身体（curatio corporis）。人应该进行的锻炼有"高声朗读、背上武器、打上背包、跑步、散步，而且在不平整的地上散步更有好处，因为上坡和下坡使身体产生各种运动，是很有好处的，除非身体虚弱到了极点。散步比练单杠更有益身心，更有气派。若是头脑吃得消，那么在太阳下散步要比在阴影下散步更好；不过，在墙壁的阴影和树影下散步则比在屋顶下散步要好得多。此外，散步走直线比走曲线要好"。"在太阳下或在火旁，锻炼后要抹油，或者是在最高的、最明亮的和最宽敞的屋子里洗澡。"①

总之，值得注意的是，养生法的全部论题在古典时代结束之后仍然继续存在，它的各种一般原则仍然没有变化，最多是

---

① 塞尔斯：《医学论著》，I，2，第42页。

变得更加丰富、详细和精练。它们把生活的范围收得更紧，从那些想知道究竟的人的眼里看来，它们引起人们对身体更加警惕。我们不难发现，在塞涅卡的书信或在马克·奥勒留与弗罗东的通信中，他们对自己日常生活的回忆见证了这种关注自我和自身肉体的方式。这种方式得到了极大的强化，远远超过了根本的变化；人们对身体的担忧大大增强了，但不是要贬低肉体。而且，对于人们所关注的各种成分的评价尺度也发生了变化，但却不是另一种把自我看成物质个体的方式。

　　在这种以关注身体、健康、环境和周围情况为显著标志的总体框架内，医学提出了各种性快感的问题：它们的本质、机制的问题，它们对机体是否有利的问题，还有它们应当遵循的养生法的问题。①

---

① 关于这一问题，A.卢塞勒最近发表了一本重要著作：《卖淫：从对肉体的控制到对感受的剥夺》。

一

伽利安

1. 伽利安对"快感"（aphrodisia）的分析是在古代有关死亡、不朽和生育的关系论题中展开的。对于他以及整个哲学传统来说，两性分别的必要性、两性相互吸引的强度和生育的可能性都缺乏永恒性。这就是《论各部位的功用》[①] 一书的一般解释。自然在创造过程中，遭遇到了其任务固有的障碍和不兼容性。为了完成一个不朽的创造，它费尽心机。然而，它所使用的材料却使它无法成功。它无法用一种"不腐败的"材料来构成动脉、神经、骨头、皮肤。伽利安指出，在创造活动（demiourgema）的核心中存在着一种内在的限制，即一种"标准"，这归因于创造所追求的不朽与所使用物质的可腐败性之间的一种不可避免的不一致。创建自然秩序的逻各斯在城邦缔造者那里是微不足道的：城邦的缔造者能够把人们

---

① 伽利安：《论各部位的功用》，XIV，2。

都集合到一个社群之中，但若是他不知道怎样让一个城邦在第一批公民死亡之后继续存在，那么这一社群就要消失——将要灭亡。要克服这一根本的困难，有一种手段是必要的。伽利安的用词既是连贯的又是富有意义的。为了确保对人类的拯救和保护，应该寻求帮助、斟酌方法（boetheia）、找出步骤（techne）、使用诱饵（delear）。简言之，必须善用巧妙的办法（sophisma）。①为了顺利达到创造的逻辑结果，造物主在构造各种生命体和赋予它们自我繁衍的方法的同时，必然会确定一条诡计：一条逻各斯的诡计，它主宰着世界，以便克服构成这个世界的材料的不可避免的可腐败性。

这一诡计使用三种要素。首先是被赋予所有动物的和用来生育的各种器官。其次是不同寻常的和激烈的快感能力。最后是灵魂中利用这些器官的欲望（epithumia）——惊人的和无法言说（arrheton）的欲望。因此，性"技巧"并非简单地在于一种细致的解剖结构和经过精心安排的各机制之中，它还存在于它们与一种快感、一种欲望的结合之中，其独特的力量是"语言无法表达的"。自然为了克服它的计划和所使用材料的可腐败性之间的不一致，在生命体的身心之中置入了一种不同寻常的动力（une dunami extraordinaire）原理。

深知创造实体及其局限的造物原理聪明地发明了这种激发机制——这种欲望"刺激"（伽利安在此继承了喻指不可控

———————

① 伽利安：《论各部位的功用》，XIV，2和3。

制的欲望冲动的传统意象 ①）在这一锋芒的影响下，即使是无法理解大自然的理智目标的人——因为他们年轻，因为他们不理智（aphrona），因为他们没有理性（aloga）——也明白了。② 对此，各种活跃的快感提供了一个理由，实践它的人甚至没有必要认识它。

2.伽利安的性行为生理学还带有先前传统的某些基本特征。

首先，男人与女人的这些行为具有同构性。伽利安认为这一同构性是以这两种性别具有相同的解剖器官的原则为基础的。他说："把女人的部位向外翻，把男人的部位向内折，你将会发现两者之间完全相似。"③ 他认为女人那里也像在男人那里一样，会有精液的排出，不同之处在于女人体液的产生不那么完美性，也不那么完整：这一点说明了它在胚胎的形成中起着较小的作用。

我们在伽利安那里还发现了贯穿、震撼和淘空身体的排精的高潮过程的传统模式。然而，他用自己的生理学术语所作的分析值得注意。它有着双重效果，一方面把性行为的各种机制与整个机体非常紧密地联系在一起，同时又把性行为变成个体健康及其生活参与其间的一个过程。这样，它在把性行为纳入一个连续的和稠密的生理学网络时，已经在性行为之中埋下了

① 柏拉图：《法律篇》，VI，782e—783a。
② 伽利安：《论各部位的功用》，XIV，2。
③ 伽利安：《论各部位的功用》，XIV，6。

146

潜在的危险。

这一点非常清楚地出现在人们所说的欲望和快感的"生理学化"之中。《论各部位的功用》一书的第14卷第9章中提出了这样一个问题："为什么一种非常强烈的愉悦会依附在生殖器官的使用上呢?"一开始，伽利安就抛弃了欲望冲动和强度可以简单地通过诸神的创造意志与性行为联系起来，从而作为推动人进行性活动的动机的观念。伽利安并不否认创造者的力量足以形成这种推动我们的活力，而是要指出它不是作为补充品而附加给灵魂的，它完全是作为身体机制的结果而被纳入灵魂中的。欲望和快感直接就是肉体结构配置和过程的后果。其终极目的——它是各种生育的继续——是通过一种物质原因和一种器官配置得以继续的。"若是这种快感和愉悦存在于动物之中，那么这不只是因为创造人的诸神想给他们激发起性交活动的一种欲望冲动，或者达到愉悦的高潮，而且是因为他们利用这些物质和器官来获得这些结果。"[1] 欲望不是一种简单的灵魂活动，快感也不是一种附加的额外补充。它们都是压迫和突然排泄的后果。伽利安在这一机制中发现了多种快感的因素。首先是体液的累积，其本性在于体液的增多产生了各种活跃的感觉。"某种类似于一堆皮下体液所带来的效果的东西产生了，它的活动激起了一阵令人愉快的瘙痒。"[2] 还必须考虑到在次要部位和右半身中由于挨着肝脏及其脉管的多样性而具有的特别

---

①② 伽利安:《论各部位的功用》，XIV，9。

活跃的热量。这种热量不平衡说明了男孩子是在子宫的右边孕育的，女孩子是在子宫的左边孕育的。[①] 它还说明了右边的各部位更易于成为强烈快感的所在。总之，自然赋予了这一部位的各器官一种特殊的敏感——尽管功能相同，但是它比皮肤上的感觉要大得多。最后，被伽利安称为"parastates"的源自腺体的更加稀释的体液构成了快感的另一物质要素：这种体液渗透到了性行为所涉及的各个部位，让它们更加柔和，从而感受到快感。因此，全部的器官配置和生理学的安排就把快感及其过剩的精力（huperoche tes hedones）都纳入身体及其各种机制之中，它们无法抵制这种过剩的精力，因为快感正是"所欠缺的东西"。[②]

但是，如果快感的形成是这样有理有据的，并且是局部的，那么性行为通过它所带来的各种要素和它引发的各种后果而涉及整个身体，这也是同样的道理。伽利安不像《论生育》的希波克拉底式的作者那样，认为精液是从血液的振动中形成的；也不像亚里士多德那样认为，它构成了消化的最后状态。他认为精液中有着两种成分的结合：一是在输精管的曲张中发生的某种血液"消化"的产物（正是这种缓慢的消化逐步地让它着色和浓厚起来），二是空气（pneuma）的出现，后者鼓起了各个性器官，并且企图猛烈地逸出身体，在射精时从精液

---

① 伽利安：《论各部位的功用》，XIV，7。
② 伽利安：《论各部位的功用》，XIV，9。

中释放出来。然而，这一空气是在复杂的大脑迷宫中形成的。当性行为发生时，当它抽出了精液的空气时，它震动了身体的主要机制，其中所有要素都"像在大合唱中一样"相互联系在一起。而且，"由于性交过度，精液被淘空了，睾丸就从重叠的静脉中吸取一切精液；或者，这种液体数量很少，融合在粉红色的血液之中"。这些"被睾丸夺去了精液的静脉有着更激烈的活动，它们从位于其上的静脉中抽取精液，后者又重新从随后而来的静脉中抽取精液，这些静脉则从相邻的静脉中抽取精液。这一抽取精液的运动在这一传输活动没有蔓延到整个身体的各个部位之前是不会停止的"。而且，如果这一消耗仍然继续，那么身体就不会简单地被剥夺它的精液，直到"动物的所有部位都被夺去了生气"为止。①

3. 由此，我们不难明白伽利安所指出的性行为与癫痫、痉挛现象之间的关系束：即亲缘关系、类似关系和因果关系。

性行为因其机制成为了痉挛大家族中的一部分。《论疫区》提出了一套痉挛理论。②伽利安认为痉挛过程与任何一种自愿的运动在本性上并无二致，差异在于神经对肌肉的不是以意愿为根据的，而是以某种干燥（它把神经拉紧成像曝晒后的绳子）或充盈（它在使神经膨胀的同时缩短了神经，极大地绷紧了肌肉）的状态为根据。性行为引起的痉挛正是与这最后一种

---

① 伽利安：收在奥里巴斯的《医学文集》中，XXII；第III册，第46—47页。

② 伽利安：《论疫区》，III，8。

机制相关的。

在这一痉挛的大家族中，伽利安发现了在癫痫与性行为之间存在着一种特殊的相似性。他认为，癫痫是由塞满稠密体液的大脑充血引起的，从而造成了源自气室的管道被阻塞。气体就因为这一淤积而受到束缚，它企图逃逸，"正像当它与精液一起堆积在睾丸之中时竭力逃脱一样。这一企图源于我们在各种癫痫发作或各种快感高潮中不同程度地观察到的神经与肌肉的振动"。

最后，在快感高潮与痉挛发作之间有着一种基于这种或那种方向的因果关系。癫痫痉挛可以在性器官中引起痉挛。伽利安在《论各部位的功用》中指出："各种严重的癫痫和被称为淋病的疾病可以告诉我们对性交活动有影响的这种痉挛对精液的排泄有多大的影响。实际上，当严重的癫痫发作时，整个身体和各生殖部位都受到一种强烈痉挛的折磨，并有精液排出。"[1] 与此相反，不在恰当的时机里求诸性快感，在逐步引发干燥和最严重的神经紧张的同时，可能带来各种痉挛性的疾病。

在伽利安的理论大厦里，各种快感依次出现在三个方面，它们首先深深地扎根于神恩的秩序之中：当造物者的智慧赶来夺回它的力量，以便超越它面临的死亡限制时，它们就出现

---

① 伽利安：《论各部位的功用》，XIV，10。

了，并受到控制。另一方面，同时通过对快感过程的精确的机体定位和它们在确保身体的统一性的整个气体结构中产生的各种影响，它们被置入与身体相关的复杂的和恒常的互动之中。

最后，它们身处于与一系列疾病有亲缘关系的广大领域之中，其中它们保持着各种相似关系和因果关系。在伽利安的分析中，从生育宇宙学到痉挛性排泄的病理学之间有着非常清晰的连贯性；从各种快感的基础到它们的本性，他分析了构成它们内在本性和让它们感染上种种可怕疾病的各种棘手的机制。

二

它们是好还是坏呢?

这种在性快感问题上表现出来的医学思想的模糊性,并非只有伽利安才有,尽管在他这里表现得更加明显,它反映了至今尚存的公元1世纪和2世纪的医学论著的本质。更确切地说,这不是模糊性,而是双重性:因为它涉及的是相互交织的两种对立的评价方式。

在肯定的评价方面,首先是对精子和精液的肯定,它们是成长的珍贵实体,而自然在安排人体时对成长又是相当小心。这种实体接受和传递着生命中最强大的东西,它使人可以避免死亡。它在男性中表现出了它的一切力量和完美。正是它给予了男性的优越性。它"对健康、身心的活力和生育"都有贡献。[1] 男性的优越性就在于他是产生精液的动物。还有对性行为的评价。为了性行为,男女两性身上的各种器官的排列是

————

[1] 阿雷泰:《论急性疾病的各种症状》(L.雷诺翻译),II,5,第165页。

精心安排的。性交是自然的事情；不能认为它是邪恶的。埃费斯的鲁弗斯的话反映了一般的看法，他说性关系是一种自然行为，因而它本身不可能是有害的。①

但是，可以说它的可能性和根据是有效的。因为一旦产生了性关系，它的展开过程和内在方式被认为是危险的。之所以危险，是因为它消耗了这种珍贵实体，但是一旦这种实体累积起来，又会这样做，它失去了精液聚集起来的全部生命力量。此外，还因为这一过程是与疾病联系在一起的。阿雷泰的说法可以说明这一问题。他说，性活动"带有"让人衰老的恶心"征兆"（sumbola）。② 卡埃利乌斯·奥莱利阿鲁斯逐条比较了性行为的展开过程和癫痫的发作过程。他发现了一些相同的阶段："肌肉的搅动、喘气、出汗、眼珠转动、脸现红斑，然后是脸色苍白，最后全身虚脱。"③ 这就是性快感的悖论所在：自然赋予它们的崇高使命、它们传递并且因此失去的实体的价值——正是这一切把它们与罪恶联结在一起的。当然，公元1世纪和2世纪的医生们既不是第一批也不是唯一一批阐述这种双重性的人。但是，他们围绕着这一双重性，描述出了一种比以往更加丰富、复杂和系统的病理学。

1. 性活动的病理学是围绕两个要素建立起来的。这两个

① 埃费斯的鲁弗斯：《残篇》，阿埃蒂乌斯摘录，载《著作集》，达伦伯格编辑，第320页。
② 阿雷泰：《论慢性疾病的治疗》，I，4，第388页。
③ 卡埃利乌斯·奥莱利阿鲁斯：《慢性疾病》，I，4。

要素显示出了性行为危险性的一般特征：不自觉的紧张冲动和让人虚脱的不断消耗。

一方面，存在一种持续亢奋的疾病，它在性行为中无限制地延续着亢奋的机制。在这种疾病的男性版本中（这种疾病又被用来指淫狂症或阴茎异常勃起症），所有安排性行为和射精（紧张、搅动、加热）的机制都联为一体，不断地相互维持，无论是否有精液排出：这是一种不会消失的性亢奋。病人处于持续痉挛的状态之中，经受着各种激烈的发作，非常接近于癫痫。阿雷泰的描述可以作为例证，它见证了这种奇怪的疾病是怎样被审视的，其中性活动可以说专注于自身，既没有时间也没有分寸。它的痉挛的和癫痫的本性在此暴露无遗。"这种疾病让阴茎勃起……这种疾病是一种无法满足的性交欲望，连饱满的激情也无法节制它。因为勃起在最多种多样的愉悦之后还继续着；所有神经都会痉挛，肌腱、腹股沟和会阴也会膨胀。各个性器官都热辣辣的和痛苦不堪的。"这种持续状态被一阵阵发作凸现出来。于是，病人们"在他们的言行中"毫不顾忌"廉耻和节制……他们呕吐，满嘴的泡沫，好像公山羊热得直吐口水一样；他们也有这种热乎乎的气味"。他们的精神陷入疯狂，只有到了极限，才会恢复正常。[1] 对于淫狂症，伽利安在《论疫区》的论著中作了一种非常有节制的描述："阴茎异常勃起是整个阴茎在长度和周长上的增大，既没有性激动，也

---

[1] 阿雷泰：《论急性疾病的各种症状》，II，12，第71—72页。

没有增加自然的热量，好像在仰卧的人身上所发生的那样。简言之，这是一种阴茎的持续增大。"[1] 在伽利安看来，这种疾病的原因必须从勃起的机制来理解。因而，必须在"动脉的各个膨胀口"或在"神经中普纽玛（即空气）的产生中"去寻找原因。实际上，伽利安承认这两种原因以及它们在症状变化中的联系；但是，他喜欢经常指责动脉的膨胀，在他看来，这是一种比"海绵状神经中"的普纽玛更加常见的现象。这种疾病要么出现在那些"精液太多"的人和那些违反习惯而"摒弃性交"的人身上（除非他们找不出办法来"在许多活动中消耗掉血液中多余的东西"），要么出现在那些在实行节制的同时回想起某些景象之后的性快感或回忆从前的性快感的人身上。

有时，人们还提到女人中的淫狂症。索拉努斯在她们中碰到同样的一些症状。它们表现为一种"各生殖器官的瘙痒症"。染上这种病的女人们"非常冲动地"要求进入性行为中，"但是在她们之中羞耻观念却深深地扎下了根"。[2] 但是，毫无疑问，在女人这一边，正是歇斯底里症很好地表现了因各性器官过度紧张而引起的疾病。总之，伽利安以这种方式描述了一种他不愿看到其中有子宫移动的疾病。可以让某些人相信的一些变动是指干燥的器官沿着隔膜上去寻找它缺乏的潮湿。伽利安认为，这些变动要么归因于月经来潮，要么归因于精液来潮：

---

① 伽利安：《论疫区》，VI，6。
② 索拉努斯：《论妇科病》，I，51。

血管阻塞引起了扩张和缩短，这样就在子宫中产生了一种牵引作用。但是这不是说这一过程引起了所有其他的症状。它们却来自月经暂停或妇女中断性关系时发生的体液潴留。我们可以看到，寡妇们的歇斯底里症正是源自于此，"尤其是寡居前月经正常、生育力强和往往利用接近男人的方式的女人们，她们都被剥夺了这一切"。①

病理学的另一极是由无限制的消耗构成的。希腊人称之为"gonorrhee"（淋病），拉丁人称之为"seminis effusio"（精液外泄，亦指淋病）。伽利安是这样来界定它的："精液的一种不自觉的排泄"，或者"更确切地说，精液在人没有意识到的情况下的一种频繁外泄，而且在整个过程中阴茎无勃起"。淫狂症伤害到了阴茎，而淋病则影响到输精管，它破坏了输精管的"来潮能力"。② 阿雷泰在《论慢性疾病的各种症状》中用了很长篇幅论述它是淘空生命根源的东西，产生了三种后果；使身体完全虚脱、未老先衰和女性化。"年轻人若是感染上这种疾病，那么身体习惯上就带有衰老的特征。他们变得疲惫、无力、没有勇气、迟钝、愚蠢、消沉、驼背、无能、面色苍白、娘娘腔、吃饭不香、浑身冰凉、四肢沉重、双脚冻僵、极度虚弱，一句话，几乎完全瘫痪了。这种疾病在很多人那里是逐步趋向瘫痪的；一旦自然在生殖原则和生命源泉方面被削

---

① 伽利安：《论疫区》，VI，5。
② 伽利安：《论疫区》，VI，7。

弱了，神经力量又怎样才不会被感染呢？因为有一种活跃的精子让我们表现出了男子气概、勇敢、充满热情、多毛和强壮，让我们说话声音洪亮，让我们富有活力地进行思考和行动：这些就是到了青春期的人。与此相反，那些缺乏这种生命体液的人是满脸皱纹的、虚弱的、声音沙哑的、没有胡须的、没有体毛的和娘娘腔的。"[1] 与淋病相关的是男性气质和与性别一起消失的生命原则。由此，可以得出传统所强调的一些特征。这是一种可耻的疾病：因为它经常是由数量过多的性行为引起的，但是也是由它所产生的非男性化造成的。这是一种最终致命的疾病。塞尔斯说，它在很短的时间里让病人因耗尽体力而死亡。[2] 这种疾病不仅对个人是致命的，而且对他的后代也是致命的。[3]

2. 公元头两个世纪的医学让各种性活动超出了它们的病理学领域，进入一种复杂的发病学的十字路口上。一方面，各种性活动在它们恰当的展开和实现过程中易于受到许多不同因素的影响：个人的体质，气候和一天的时辰，所吃的食物、它的质量和数量。它们是非常敏感的，稍微一点偏差和疾病都会有干扰它们的危险。正如伽利安所说的，要利用性快感，就必须置身于一种中间状态，达到一切可能的机体变化的临界点："不要太满，也不要太少"，避免"劳累、消化不良和所有可能

---

① 阿雷泰：《论慢性疾病的各种症状》，II，5，第163—165页。

② 塞尔斯：《论医学》，VI，28。

③ 阿雷泰：《论慢性疾病的治疗》，II，5，第408页。

危及健康的东西"。①

　　但是，假如各种快感构成了一种十分脆弱和不稳定的活动，那么它们反过来对所有机体有着巨大的和广泛的影响。若是人们在享用性快感时在时间上或手段上出现偏差，那么性快感就会产生一系列的痛苦、苦恼和疾病，而且这个名单实际上是开放的。伽利安指出："不难认识到，各种性关系造成了胸脯、肺部、头部和神经的疲劳。"② 鲁弗斯列出了一张滥用性关系的后果表格，其中有消化不良、视力和听力下降、各种感官的普遍弱化和记忆力丧失，有痉挛、关节疼痛、胸痛，有口疮、牙痛、喉炎、出血、各种膀胱疾病和腰子疾病。③ 在歇斯底里的问题上，伽利安遭到了一些人的反对，反对者无法相信如此众多、广泛和冲动的症状可以归因于少量体液的来潮和变化，而且这点体液是在性关系中断之后留在体内的。在作答中，伽利安把腐坏精液的有害力量比作人们在自然中观察到的一些剧毒的力量。他说："在被毒蜘蛛咬伤之后，虽然毒液很少，并且是通过一个很小的小孔渗入体内，但是整个身体立即就得病了。"蝎子的毒效还更加惊人，因为最剧烈的症状立即就表现出来。然而，"它咬人时所释放出来的东西要么非常

----

① 伽利安：收在奥里巴斯的《作者不确定的著作》中，VIII，第 3 卷，第
　　110 页。
② 伽利安：收在奥里巴斯的《作者不确定的著作》中，VIII，第 3 卷，第
　　109 页。
③ 埃费斯的鲁弗斯：《残篇》，阿埃蒂乌斯摘录，《著作集》，第 318 页。

少，要么完全没有，而且它的毒刺似乎没有刺出。"海里的泡
鳐也是一个例证，说明了只要接触一次，"少量的物质就能产
生一些重大变化"。伽利安总结道："若是大家同意毒液之类所
产生的各种疾病是通过在我们体内生成来控制我们的，那么对
于腐坏变质的精液在有可能感染疾病的身体内产生各种讨厌的
症状，就没有什么值得大惊小怪的了。"[①] 器官、体液和性活动
同时构成了一种对一切可能干扰机体的东西特别敏感的接受表
面，和一个旨在身体内引出一长串多样症状的十分强有力的和
主动的中心。

3. 性活动恰好既有治疗性的后果，也有病理性的后果。
它的双重性使得它在某些情况下可能治愈疾病，而在另一些情
况下则要引起疾病；但是要确定它将会产生哪一种后果，却并
非总是一件容易的事。对于个人的体质来说是如此，对于身体
的特殊环境和暂时状态也是如此，大家一般都会赞同希波克拉
底的教导，即"性交是战胜黏液疾病的最佳手段"。鲁弗斯的
解释是："病后极其消瘦的个人通过性交得到了很好的恢复。
一些人原来呼吸不畅，现在则呼吸方便，其他人则又有了曾经
丧失的食欲，还有一些人则不再遗精了。"[②] 他还认为当灵魂受
到困扰并且需要通过肉体来清除困扰它的东西时，排泄精液对
灵魂有着正面的效果。即性交消除了各种固执的观念，平息了

---

① 伽利安：《论疫区》，VI, 5。

② 埃费斯的鲁弗斯：《残篇》，阿埃蒂乌斯摘录，《著作集》，第 320—321 页。
还参见收在奥里巴斯的《医学文集》中的著作，VI, 第 1 卷，第 541 页。

激烈的怒气。这就说明了为什么没有治疗忧郁和厌世的十分有效的药物。伽利安还把许多治愈身心的结果归于性交："这种行为容易使灵魂平静，它让忧郁的和狂躁的人变得更加理智，让恋爱的个人减少了过分的热情，即使当他与另一个女人性交的时候。更有甚者，那些生育时凶猛的动物，在性交之后，性情也会温和一点。"至于它们对于身体的效果，伽利安从以下事实中找到了一个证据，即经过一次性交活动，原来"没有胡须的、矮小的和娘娘腔的"男童变得"多毛、雄伟和有男子气概了"。①

但是，伽利安还强调了根据主体的不同状态性交可能产生的相反的效果。他说："性交让体力弱小的人非常虚弱，而那些体力未受损害的人和受到黏液影响而得病的人却不会被性交击倒。""它暂时会让体弱的人感到热乎乎的，但是很快它又让他们发冷。"还有一些人"年轻时在性交之后变得虚弱了，而另一些人却因为没有性交习惯而感到头发沉，焦虑不安和虚火上升，既没胃口又消化不良"。②伽利安甚至提到，对于某些体质来说，排泄精液会引起一些疾病或痛楚，但是保存它却是有害的："某些人有着充沛和炽热的精液，不断想要有所排泄；但是一旦排泄，人又会感到胃孔松弛，整个身体像是被淘

---

① 伽利安：收在奥里巴斯的《作者不确定的著作》中，VIII，第3卷，第109页。

② 伽利安：收在奥里巴斯的《作者不确定的著作》中，VI，37，第1卷，第537页。

空和榨干一样虚弱。这些人开始消瘦，眼窝深陷，若是因为在性交后会产生这些事情而摒弃性交，那么他们会感到头部和胃部不适，想呕吐，而且他们不会从这一节制中得到任何重要的好处。"①

围绕着这些正面的或负面的结果，产生了好些有关某些具体问题的争论。例如遗精问题。鲁弗斯转述了那些认为睡眠期间的遗精是"不太危险的"人的观点。但是，鲁弗斯反对这种认为"遗精使在睡眠中已经放松的身体更加松弛"的看法。②而且，伽利安发现那些因为性交的有害后果而摒弃性交的人在睡眠中遗精时并没有身体放松的现象。③关于儿童的痉挛及其在青春期时的消失的争论无疑是更重要的事情。人们通常根据射精与痉挛之间的类似，承认幼童的痉挛会在第一次性交之后得到治愈。鲁弗斯的论点是，当进入青春期，性行为将结束癫痫和头痛。④某些医生建议把这些儿童的初次性交的年龄提前，以便治愈这些痉挛。阿雷泰批评了这种方法，因为它破坏了自然关于适当时间的配置，因为它产生或延长了它想避免的疾病。提出这些建议的医生们"忽视了自然是在一定的时间里根据各种适当的变化作出补偿的；因此，它为每个年龄段都准备好了精液、胡须和头发所必需的分泌作用。哪位医生可以根据

163

①③　伽利安：收在奥里巴斯的《作者不确定的著作》中，X，第3卷，第113页。

②　埃费斯的鲁弗斯：收在奥里巴斯的《作者不确定的著作》中，VI，38；第1卷，第542页。

④　埃费斯的鲁弗斯：《残篇》，阿埃蒂乌斯摘录，《著作集》，第320页。

原则产生这些变化呢？这样，人们就撞上了本想避开的礁石，因为人们发现，有的人因为过早地性交受到了触礁的惩罚"。[1] 实际上，如果痉挛在青春期里消失了，那么这不是因为性快感的锻炼，而是因为在体液平衡和作用上的一般变化。

4.但是，最重要的无疑是认为性节制具有正面的影响。医生们确实指出了在节制实践中可能连续出现的麻烦，但是，他们在那些习惯经常性交的人身上观察到了它们，其中，中断性活动会突然改变养生法。这就是伽利安在论著《论疫区》中讨论的情况。他针对的是一位中断以往的所有习惯并且摒弃性活动的人。[2] 人们还在那些精液受到必须让它排泄的体质影响的人身上看到这些麻烦。伽利安还发现在受到这一排泄影响的人中间，一些人变得"迟钝和懒惰"，其他人则"毫无理由地变得性情暴躁和沮丧"。在这些观察的基础上，他原则上认为"精液的蓄积对于年轻力壮的个体来说是极其有害的，他们的精液都是丰富的自然体液（并非完全都是无可挑剔的），他们在生活中很少闲暇的时间，而是非常频繁地性交，而后又突然保持性节制了"。[3] 因此，节制一切性关系对于身体是有害的，这并不是在每个人身上都应验的普遍事实，而是某些特定的身体状况或生活习惯的后果。其中，将精液物质保留在体内的禁欲是没有理由被视为一种罪恶的。

164

---

[1]　阿雷泰：《论慢性疾病的治疗》，I，4，第388页。
[2]　伽利安：《论疫区》，VI，5，达伦伯格译，II，第688页。
[3]　伽利安：《论疫区》，VI，5，达伦伯格译，II，第687—689页。

对于男人们来说，精液公认的最高的生命价值长期以来让人们认为运动员的严格禁欲具有正面的影响。有一个例子经常被引用，这就是伽利安的一位病人决定节制一切性活动，但是他没有考虑到他至今所过的是一种完全不同的生活，而且这种禁欲的种种后果是无法比较的。阿雷泰描述了精液这种"生命体液"的种种有益的后果——它让男人具有阳刚之气、勇敢、神采飞扬、强壮，它让男人声音雄壮，行动充满活力；他还原则上认为为"保存精液"而禁欲的男人是"强壮的、勇敢的、大胆的，以致不怕与最凶猛的野兽较量"。他引证了运动员或动物的例子，他们（或它们）因为保存了精液而更加强壮有力。因此，"原本最强壮的人由于不知节制（akrasia）就会比最虚弱的人还不如；而原本最虚弱的人因为懂得节制（enkrateia）就会比最强壮的人（kreittones）还要强壮"。①

与此相反，女人们禁欲的价值不易确定，因为她们在社会和生理学方面都被认为是以婚姻和生育为目的的。然而，索拉努斯在《论妇科病》中提到了当时关于贞操利弊的重要争论的一些论据。批评贞操的人强调体液不流动会引起疾病，而且节制也压抑不了欲望。而赞同贞操的人则强调，女人因此避免了分娩的危险，因为她们不知什么是快感而忽视了欲望，并且在体内保存了精液带有的力量。对此，索拉努斯认为，贞操可能

① 阿雷泰：《论慢性疾病的各种症状》，II，5，第165页。

　　　　　　　　　　性经验史第三卷：自我的关心

会有一些不便；他尤其在那些生活在"封闭的寺庙"中和不进行"各种有益锻炼"的女人身上发现了它们 。他根据一般规则认为，永恒的贞操对于男女双方来说是有益的。① 因此，他认为性交在个体的健康方面不可能具有自然的合法性。唯有维持人种繁衍的义务使得这种实践是必要的；这是"自然的普遍规律"使然，而不是个人养生法的要求。

当然，性节制没有被视为一种义务，性行为也不是一种罪恶。但是，我们由此可以看到，在公元前 4 世纪的医学思想和哲学思想所明白阐释的各种论题在展开过程中是如何变形的：坚持性活动后果的模糊性，扩展机体的相关性，强调身体的脆弱性和致病能力，对男女双方禁欲行为的推崇。过去，性行为的危险在于不由自主的冲动和无意识的损耗，而现在，它们被描述成人体及其功能完全虚弱的后果。

根据这些条件，我们不难明白快感养生法在个人生活的管理中可能具有的重要性。对此，鲁弗斯有一个值得注意的说法，他明白无误地把性行为的危险与自我关注的基本原则联系起来。他说："那些沉溺于性关系中的人，特别是那些没做许多准备就沉溺于此的人，必须比其他人更严格地关心自己。要想自己保持最好的身体状态，那么他们要少受这些性关系的有害影响（he ek ton aphrodision blabe）。"②

---

① 索拉努斯：《论妇科病》，I，7。
② 埃费斯的鲁弗斯：收在奥里巴斯的《作者不确定的著作》中，III，第 112 页。

三

快感养生法

　　因此，性活动应该遵循一种极其小心的养生法。但是，这种养生法是与一种旨在界定"自然的"、合法的和可以接受的实践形式的规范系统非常不同的。值得注意的是，在这些养生法中，几乎没有谈到人可能进行的性活动形式和自然反对的性形式。例如，鲁弗斯顺便提到过与男童的关系。他还暗示了伴侣之间可能采取的姿势，但是，这是为了立即揭示有多么危险，它们要求耗费比其他人更多的力气。① 而且，这些养生法的"让步"特性要比"规范"特性更值得注意。在列举了性活动的各种致病后果（如果性活动过度并且不合时宜）之后，鲁弗斯提出了他的养生法原则："只要稍微考虑一下活动的时机、所采取的措施和完成活动的人的健康结构，就会明白这些性活

---

① 　埃费斯的鲁弗斯：收在奥里巴斯的《作者不确定的著作》中，VI，38，t.III，第540—541页。鲁弗斯同样指出，直立的姿势是很累人的。

动在一切关系中并不是绝对有害的。"① 这也是伽利安有保留的希望，即人们并"不完全反对那些有性关系的人"。② 最后，这是些环境养生法，它们要求非常小心地确定最少干扰性活动的条件，以及性活动最少影响平衡整体的条件。它包括四种变量：有利于生育的时机、主体的年龄、时刻（季节或一天里的时辰）、个人体质。

1. 快感养生法和生育。若是不采取一定量的预防措施，人是无法得到一个好的后代（euteknia）的。这是一个十分传统的主题。怀孕时的放荡会传给后代。这不仅是因为后代和父母相像，而且是因为他们身上带有生育他们的行为特征。我们都记得亚里士多德和柏拉图的劝告。③ 性行为根据其生育目的，要求许多关心和一种精心的准备，这是罗马帝国时期各种医学养生法中常见的一个原则。它们首先规定一种长期的准备工作。这就是让身心准备好生育或在个人中保存必须传递给精子和胚胎的各种特性。必须把自己塑造成所要生的那个孩子的样子。奥里巴斯援引的一段阿泰内的话非常清楚地说明了这一点：打算生孩子的人必须让身心处于最佳状态。换言之，灵魂必须是宁静的，完全摆脱了痛苦、疲惫的困扰和其他疾病，身

---

① 埃费斯的鲁弗斯：收在奥里巴斯的《作者不确定的著作》中，VI，38，t.III，第541页。
② 伽利安：收在奥里巴斯的《作者不确定的著作》中，VIII，t.III，110页。然而，注意塞尔斯的一个中庸的判断："不要过于探询和学习性交。"（《论医学》，I，1，p.40）
③ 参见《快感的享用》，第3章。

体则必须是圣洁的，没有受到任何性交的损害。① 此外，还必须进行相应的准备工作：一是禁欲，其间精液不断增加、汇集，有了力量，而冲动则获得了必要的活力（过于频繁的性交会阻碍精子达到获得它所有力量的饱和程度）；二是相当严格的食物养生法，即不要吃太烫或太潮湿的食物，一顿"简便的饭食就会给性交所必需的兴奋做好准备，它不应该搞得很丰盛"。还有，不要消化不良，不要喝醉，总之，要净化身体，让它达到性交所必需的清静状态。因此，"庄稼汉在清除所有杂草之后才在田里播撒种子"。② 提供这些建议的索拉努斯不相信那些为了优生而规定要等到满月之时的人。关键在于选择"个人感到十分健康愉快的时候"。这里既有生理学的原因（出现在身体中的有害体液有阻止精子在子宫中着床的危险），也有道德的原因（胚胎受到生育者的影响）。

当然，在女性周期中，存在着一个最有利的时机。根据很古老的隐喻（它在基督教中也有着漫长的命运），"并非所有季节都适宜于播种，同样，并非所有时候都有利于通过性交活动把精子射入子宫"。③ 索拉努斯认为性交的最佳时机是在月经刚刚结束不久。他的论证是基于食欲隐喻的（不过这不是有关他个人的）：④ 子宫是空虚的，它要消耗，它要进食，时而是

---

① 阿雷泰：收在奥里巴斯的《作者不确定的著作》中，VII，第3卷，第107页。
②③ 索拉努斯：《论妇科病》，I，10。
④ 参见奥里巴斯援引的伽利安的论著，XXII，3，第3卷，第53页。

性经验史第三卷：自我的关心

血（正常时间里），时而是精液（这就是受精）。要成为生育者，性活动必须在有利的时机里依据这一营养节奏进行。不要超前，"因为吃饱的胃会排出过多的食物，会呕吐和排出一切摄取物，充满血液的子宫也是如此"。不要在月经来潮时性交，因为月经来潮是一种自然的排泄活动，若是性交，精液会有被排出的危险。也不要在月经一结束后就性交，因为子宫干燥和冰凉，不在受精的状态里。最佳时机是当"月经正在结束的时候"，因为子宫此时带血，热乎乎的，"因此吊起了受精的欲望"。① 这种在排泄之后又重新出现在身体之中的欲望，让女人想要性交。②

但是，这还不够。要想受精的条件好，要想后代拥有一切可能的素质，性行为必须注意某些预防措施。对此，索拉努斯说得不太清楚。他只是简单地指出，理智和冷静的行为必须避免一切紊乱、一切醉酒，因为胚胎可以说是这一行为的镜子和见证。他说："要想胎儿不受到奇怪的狂乐的精神污染"，应该"让女人有节制地性交。通常，孩子们与父母不仅在身体上有极大的相似性，而且在精神上也是如此。要想让胎儿不像一个神智不清的醉鬼，那么保持绝对的宁静是必要的。"③ 最后，在怀孕期间，性交必须是非常有节制的：在初孕时期要彻底杜绝性交，因为性交"让整个身体都运动起来了，但是子宫及其周

---

① 转引自奥里巴斯的《医学文集》，XXII，7，第3卷，第70页。
②③ 索拉努斯：《论妇科病》，I，10。

遭需要休息，像胃一样，当受到震动时，它会吐出胃食的"。①
然而，像伽利安等一些人却认为在怀孕期间必须有节制地恢复
和进行性交。他指出："怀孕妇女不必完全杜绝性交，也不应
该不断性交，因为对于有节制生活的女人，性交是十分困难
的，而对于热衷经常性交的女人，会生下体弱的孩子来，甚至
出现流产。"②

因此，存在着一种对性快感的管理，其根据和存在的理
由就在于为养育后代做好准备。这并不意味着只为了生孩子
的义务才进行性交活动。若是各种可能的受精条件被精心确
定，这不是为了用它们来确定合法性行为的限度，而是一种
有益的意见，让人关心他的后代。如果这成了一种重要的担
忧，那么它是生育者面对后代时可能具有的职责。这也是一种
对于他们自己的义务，因为养育一个天资聪颖的后代对他们是
有益的。这些围绕生育的义务界定了一整套可能的错误（同时
也是过失）。这些错误为数众多，引入了许多不同的要素，以
致极少有成功的生育，于是，自然就巧妙地弥补这些缺陷，避
免各种灾难。因此，伽利安证实有必要采取许许多多的预防
措施。尽管许多孩子出生得都很好，但是"生我们的父亲们
和哺乳我们的母亲们却很少做得好的，他们经常在生育活动
中犯错。男女交合，达到了陶醉和飘飘欲仙的地步，他们甚

---

① 索拉努斯：《论妇科病》，I，14。
② 伽利安：收在奥里巴斯的《作者不确定的著作》中，VI，第 3 卷，第 102
页。

　　　　　　　　　　　　　　　性经验史第三卷：自我的关心

至不知道自己身在何处了。因此，在分娩时，怀孕的果实已经腐坏了。此外，还必须提及孕妇的各种错误，如懒得进行适度的运动，吃得很饱，喜欢发火和饮酒，洗浴过多，不合时宜地进行性活动（akairion aphrodision）。不过，自然抵制如此多的失调，最大量地进行补救"。农民们在播种土地时是小心的；但是伽利安在发扬苏格拉底的关心自我的论题时又指出，在生活中"毫不重视自己"的人是不会关心自己的后代的。①

2. 主体的年龄。享有性快感既不应该延续得太晚，也不应该开始得太早。一旦人老了，再完成各种性交活动是危险的：它们将淘空身体，让它无法再生那些已被排出体外的要素。② 但是，它们对于非常年轻的人也是有害的。它们抑制了发育，干扰了青春期各种性征——它们是身体中各种精子要素的发展结果——的发展。"没有什么像过早地滥用性交一样妨碍身心的完善的。"③ 伽利安也说："许多年轻人都因为滥用自然规定的时间进行性交而受到无法治愈的疾病的袭击。"④ 那么，什么是"规定的时间"呢？青春期的各种性征是否出现于

----

① 伽利安：《论各部位的功用》，XI，10。
② 伽利安：收在奥里巴斯的《作者不确定的著作》中，VIII，第3卷，第110页。
③ 阿泰内：收在奥里巴斯的《作者不确定的著作》中，XXI，第3卷，第165页。
④ 伽利安：收在奥里巴斯的《作者不确定的著作》中，VIII，第3卷，第111页。

此时呢？所有的医生都认为男孩子的青春期在 14 岁左右。但是，他们又都认为不应该这么早地进入享用性快感的阶段。当然，他们也没有明确表示人到了多大年纪才能开始性交。无论如何，必须过好些年之后，让身体产生精液，最好不要排泄它。由此，一种旨在确保青少年节制的特殊养生法就是人们所必需的了。医生们遵照传统，规定了一种进行强烈身体锻炼的生活方式。阿泰内指出："由于精液是从这一年龄（14 岁）开始出现的，而且年轻人又有强烈的欲望去性交，因此，他们必须进行大量的体育锻炼，以便让身体立即疲惫，这样他们可以从一开始就压制他们的欲望。"①

女孩子的问题则有点不同。早婚的实践无疑促使人们认为一旦有了正常的月经来潮，女孩子就可以进行初次性交和分娩。② 这就是索拉努斯的观点，他建议要以机体的标准而不是以女孩子的感觉来确定结婚的年龄，因为受过教育的女孩子可能在身体发育好之前已经有了这种感觉。"在成为新生儿的胚芽之前要有种子"，当女人的身体尚未达到这一功能所必需的成熟度时，这是有危险的。因此，她最好在月经来潮之前保持童贞。③ 其他医生所提的时间要更晚些。对此，埃费斯的鲁弗

---

① 阿泰内：收在奥里巴斯的《作者不确定的著作》中，XXI，第 3 卷，第 164—165 页。

② 关于结婚年龄和对女人健康的质疑之间的这些关系，请参见 A. 鲁塞勒的《卖淫》，第 49—52 页。

③ 索拉努斯：《论妇科病》，I，8。

斯认为在 18 岁前怀孕对母子都没有好处。他提醒人们注意这一年龄是很久以前赫西俄德建议的。他还认为，这一年龄——在某些人看来是太晚了——在古代并没有什么以后可能出现的弊病，女人们过着一种与男人们一样积极的生活。正是营养过度和无所事事给未婚少女们带来了许多麻烦，使她们想通过性交来方便月经来潮。对此，鲁弗斯提出的解决办法是结婚要比较晚（要到 18 岁），但是，在少女青春期之前，必须要有一套养生法。在儿童时期，女孩子是与男孩子在一块玩的；到了把他们分开的年龄时，人们要赋予她们一种特别细心的养生法：不要吃肉，不要吃太富营养的菜肴，不要喝酒或者只喝一点点酒，要长距离的散步，进行各种锻炼。而且，必须记住，无所事事"对于她们是最有害的"，"通过锻炼在运动中消耗热量并且振作精神是有好处的，但是必须是以女人的方式，不要沾上男子气概"。参加包括唱歌与舞蹈的合唱团，看来符合鲁弗斯所说的最好的锻炼方式："合唱团不只是被发明用来颂扬神灵，而且还可以有助于健康。"①

3. "有益的时机"。性活动的"时机"（kairos）是许多讨论的主题。从大的时间跨度来看，人们很容易赞同传统的时间安排，冬天和春天是最好的季节；秋天在某些人看来是可以接受的，在另一些人看来则是要被拒绝的。一般地说，人们认为

176

---

① 埃费斯的鲁弗斯：收在奥里巴斯的《作者不确定的著作》中，II，第 3 卷，第 82—85 页。

夏天是要尽可能的节欲。① 相反，对于每日具体时间的确定，有着不同的考虑。在普鲁塔克的《桌边闲谈》中所提出的宗教论题② 之外，时间问题是与锻炼、吃饭和消化问题联系在一起的。最好不要在激烈的锻炼之前进行性交，它会使所需要的体力转向了身体的其他部位。反过来，在做爱之后，沐浴和恢复性的按摩是有益的。在吃饭之前，饿着肚子享用性快感是不好的，因为在这些条件下的性交虽不致让人疲惫，但是会让人没有力气。③ 但是，另一方面，必须避免大吃大喝。消化时刻总是有害的："这就是为什么夜间的性交是骗人的，因为食物尚未消化；清晨的性交也是如此，因为那时胃中的食物未得到很好的消化，所有剩余物尚未被大小便排出体外。"④ 总之，在适当地用膳之后和入睡之前，或者是午休之前，这时是性交的最有利的时刻。根据鲁弗斯的看法，自然已经表明了对这一时机的偏爱，因为这时它赋予身体最强有力的兴奋。此外，如果人们想有孩子的话，男人最好是"在吃好喝好之后再做爱，而女人则必须遵循一套柔弱的养生法"。这实际上是要求"一方付

---

① 塞尔斯：《论医学》，I，3；埃费斯的鲁弗斯：收在奥里巴斯的《作者不确定的著作》中，VI，38，第1卷，第543页。伽利安：收在奥里巴斯的《作者不确定的著作》中，VIII，第110页。关于性快感的季节分配，参见《快感的享用》，第II章。

② 普鲁塔克：《桌边闲谈》，III，6，1089a。

③ 埃费斯的鲁弗斯：收在奥里巴斯的《作者不确定的著作》中，VI，38，第1卷，第540页及次页。

④ 埃费斯的鲁弗斯：收在奥里巴斯的《作者不确定的著作》中，VI，38，第547页。

出，另一方接受"。①伽利安的看法也是如此。他建议人们"在吃饱却不碍事之后"要入睡。这样，这些食物足以营养和增强身体，而睡眠则可以消除疲劳。而且，这也是怀孕的最佳时机，"因为女人易于在睡眠中接受精子"。最后，自然对这一时刻的偏爱就在于激发起人们的欲望。②

4.个人的体质。鲁弗斯提出的一般原则是，适于性交的是那些"多少有点湿热的"体质；相反，性活动对于干冷的体质是不利的。为了维持或恢复人在性快感中所需要的湿热，人最好是遵循一种进行充分锻炼和适当营养的复杂而连续的养生法。围绕着性活动和为了保持性活动可能损害的平衡，人应该强行选择一种生活方式。喝淡的红葡萄酒，吃烘干的面包（它的潮湿在准备或调节方面是有益的）是有好处的；在肉食方面，要吃公山羊、小绵羊、小鸡、公鸡、欧石南、山鹑、鹅和鸭；在鱼类方面，要吃章鱼和软体动物；然后是萝卜、蚕豆、菜豆、小豌豆（因为它们有热量）和葡萄（因为它们湿润）。至于必须诉诸的各种活动，这些包括散步或骑马散步、赛跑，但是既不要太快也不要太慢；而且不要进行剧烈锻炼，不要像投标枪（它把营养物质都转移到了身体的其他部位）那

---

① 埃费斯的鲁弗斯：收在奥里巴斯的《作者不确定的著作》中，VI，38，第549页。

② 伽利安：收在奥里巴斯的《作者不确定的著作》中，VIII，第3卷，第111页。而且，对于塞尔斯来说，"只有在随后不再进食和不熬夜工作的情况下，夜晚才是更好的。"（《论医学》，I，1，第41页）

样摆弄；不要洗太热的澡，不要弄得太热或太冷；不要从事剧烈的劳动；还要避免促使身体疲劳的东西——愤怒、大喜或大悲。①

---

① 埃费斯的鲁弗斯：收在奥里巴斯的《作者不确定的著作》中，VI，38，第 1 卷，第 543—546 页。

四

灵魂的作用

给性快感提出的养生法似乎全部都是针对身体的：它的状 *179*
态、它的平衡、它的疾病和它的各种一般的或暂时的处境都是
规范行为的主要变量。可以说，这是身体为身体制定法则。然
而，灵魂有自己的作用，医生们都让它介入其中。因为正是灵
魂不断地冒险引导身体超出自己的机制和基本需要，正是它激
发人选择不恰当的时机、在可疑的环境中行动，并且对抗自然
的安排。若是人们需要一种非常小心地对待所有生理要素的养
生法，那么原因就在于他们想要不断地借助自己的想象、情感
和爱情的影响力来摆脱它。甚至开始性交的理想年龄在少男少
女那里也是混乱不清的：教育和习俗可能会引起不合时宜的
欲望。①

因此，理性的灵魂具有一种双重的作用：它需要为身体 *180*

---

① 索拉努斯：《论妇科病》，I，8。

确定一套实际上由身体的本性、血压、状态和环境所决定的养生法。但是它只有在对自己做一番工作之后才能正确地为身体确定养生法：消除错误、减少想象、控制使它低估身体的节制法则的各种欲望。明显受到斯多葛派影响的阿泰内非常清楚地把这一灵魂的自我改造定义为一个好的体质养生法的条件。他说："对成年人恰当的东西是一种涵盖身心的养生法……努力去平息他的冲动（hormai），让我们的欲望（prothumiai）不要超出我们自身的力量。"① 因此，这一养生法是倡导一种灵魂对身体的斗争，甚至也不是提供一些让灵魂可以用来抵抗身体的手段，而是灵魂的自我纠错，以便能够依据身体的法则来引导身体。

医生们针对三个有可能使主体超出机体的现实必然性的要素描述了这一纠错工作。这三个要素分别是欲望的运动、意象的出现和对快感的依恋。

1. 在医学养生法中，消除欲望不成问题。自然给所有种类的动物都设置了欲望，它像针尖一样是被用来刺激雌雄两性相互吸引的。因此，没有什么比使快感规避欲望的自然力量的愿望更加违反自然和更加有害了。千万不要凭着淫荡的意志或者为了假装年富力强而企图逼迫自然。没有感受到欲望（aneu epithumein），就不要性交。这是鲁弗斯在《论淫狂症》的劝告。但是，这一欲望有两张面孔：一是表现在身体

① 阿泰内：收在奥里巴斯的《作者不确定的著作》中，21，第3卷，第165页。

上，一是表现在灵魂中。而养生法的问题就处于这两者的相互关系之中。因此，必须尽可能准确地调整和安排它的运动。鲁弗斯有一个很好的说法："最好是当人同时受到来自灵魂的欲望和身体的需要的压迫时，他才沉醉于性交之中。"①

有时候，这一自然的相互关系受到身体行为的损害。身体行为可以说是特立独行的。灵魂中没有与它的刺激相对应的东西。身体专注的是一种纯粹的爆发。于是，性行为完全是"阵发性的"，如鲁弗斯所说的。②当这位鲁弗斯提到躁狂症或癫痫症所表现出的"激动"（hormai）时，他似乎指的是这一纯粹的生理激动。③它还会在淫狂症或淋病中以其他的形式出现：各种性器官在淫狂症中是独自激动的，而在淋病中，"大量的精液在没有性交和没有夜梦的情况下流了出来"。病人在发狂的身体机制的带动下被淘空了，"经过一段时间的消耗而死亡"。④

但是，灵魂则相反，它可以规避出现在身体上的欲望形式和限制。鲁弗斯和伽利安用来指示这一超越行为的术语是值得玩味的，它就是"意见"（doxa）。灵魂不再只关注自己身体的需要，而是受自己的想象的引导，而且，这些想象在机体中是没有与之相对应的东西的。也就是说，它们是徒劳

182

①③ 埃费斯的鲁弗斯：收在奥里巴斯的《医学文集》中，Ⅵ，第 1 卷，第 549 页。

② 埃费斯的鲁弗斯：《著作集》，第 75 页。

④ 塞尔斯：《论医学》，Ⅳ，28。

的和空洞的（kenai）。但是，这不是说，身体若是没有在灵魂中的欲望相关物，就不应该激动起来；也不是说，灵魂不应该超出身体的要求。但是，在第一种情况下，这种疾病可能还有药来治愈；在第二种情况下，则应该用一种道德养生法来关心自己。鲁弗斯的说法是："抑制灵魂，让它服从身体。"①

若是想到灵魂不应该受到身体刺激的牵引这一十分传统的主题，那么这是一个矛盾的命题。但是，必须在它确切的理论背景和医学背景中理解它，它可能受到斯多葛主义的启发。自愿地服从身体，这应该被理解成听从一种支配自然秩序和为自身目的安排身体机制的理性。因为各种意见有着让灵魂偏离这一自然理性和引起过度欲望的危险，所以建立在对各种生物的正确认识基础之上的理性的医学养生法应该把目光转向这一自然理性。对此，经济被用来贬低人的欲望的动物例证，可以构成为一种行为典范。动物们根据自己的性养生法，听从身体的要求，但是从来都不过分，也不换一种花样。鲁弗斯认为，引导它们的不是各种意见，而是"需要排泄的自然的前奏"。而且，它也应该引导人。伽利安也认为，动物们不是根据"意见"（doxa）——"享乐是一件好事情"——去性交的。它们只是"要排出让它们讨厌的精液"而去性交的。对于它们来说，在刺激它们性交的东西和"促使它们自然地排泄粪便或小便"

---

① 埃费斯的鲁弗斯：收在奥里巴斯的《医学文集》中，VI，第1卷，第550页。

的东西之间没有什么区别。①

　　因此，医学养生法提出了一种欲望（epithumia）的动物化。它应该被理解成一种灵魂的欲望尽可能严格地从属于身体的需要，一种以排泄物理学为基础的欲望伦理学，以及一种达到灵魂摆脱了一切徒劳的意象并只关注机体排泄的严格结构的趋向。

　　2. 由此，医生们普遍怀疑各种"意象"（phantasiai）。这一论题经常出现在他们提出的疗法中。鲁弗斯对淫狂症的治疗有两个方面：一个有关食物，其中应该把所有的热食排除，另一个有关灵魂的兴奋。"大家要回避各种话语、思想、性欲，防范自己所看到的东西，因为所有这些东西，甚至睡梦……对于那些戒绝性交的人，在大快朵颐之后，会激发他们性交。"②伽利安本着同样的精神向一位朋友提出了一种双重排泄的治疗方法。这位朋友曾经戒绝了性活动，但是他又发现自身经常处于亢奋的状态。伽利安建议他首先从身体上放松自己，排出堆积起来的精液，然后——要洗净身体——不再让任何意念进入精神之中："完全排掉一切可能激发性欲的意象、思想和记忆。"③

　　这些可怕的意念在灵魂中会激发各种"空虚的"欲望，它

184

---

① 伽利安：《论疫区》，VI，5。参见达伦伯格的译本，第 2 卷，第 688—689 页。
② 埃费斯的鲁弗斯：《著作集》，第 74—75 页。
③ 伽利安：《论疫区》，VI，6，达伦伯格翻译，II，第 704—705 页。

们与身体的需要毫无关系，其形式多种多样。有医生们特别担心的伴有遗精的梦象：对此，医生们经常提供的建议是不要仰睡，不要在睡前大吃大喝，在就寝前要让精神休息。埃费斯的鲁弗斯曾写了一篇重要的文章讨论患淫狂症的病人们的养生法："要侧睡，不要仰睡……"① 在必须被抛弃的各种意念中，有我们在剧院里看到的图像，有阅读、唱歌、音乐和舞蹈带给我们的意象，还有进入精神中却与身体需要毫无关系的意念。伽利安因此观察到了某些人的淫狂现象，"他们没有像那些自然纯洁的人和长期实行类似节制的人一样避开性快感的念头，相反却因为可能刺激或唤醒他们的各种意象而想到这些快感。在这些人中，影响阴茎的要素完全不同于那些没有性快感的人的情况"。②

但是，还必须使用符合哲学用法的这个"意念"（phantasia）术语来理解各种视觉感受。不仅意想或回忆"性快感"（aphrodisia）是危险的，而且感知它们也是危险的。性快感必须在夜间和暗处而不是在光天化日之下被享用，这是传统羞耻观的一个老话题。但是，对于这条戒律，人们也赋予了一种养生法的意义：不要去看，要预防那些可能严重伤害灵魂、存留其中并以不恰当的方式重现的意念。普鲁塔克提出了有关性行为时

---

① 埃费斯的鲁弗斯：《著作集》，第74页。一种常见的观点认为，仰睡会让各个性部位发热，从而引发遗精。参见伽利安：《论疫区》，VI，6；迪奥克勒：收在奥里巴斯的《医学文集》中，III，177。
② 伽利安：《论疫区》，VI，6。

"kairos"（时机）这一问题。他认为，在避开光明的各种理由中，有着回避不断"更新"我们欲望的"各种快感意象"。"黑夜把我们的行为可能带来的贪得无厌的欲望和激烈的冲动挡在视线之外，排斥和消除了本能，阻止它被危险的淫荡景象所左右。"①

我们可能还记得，"意象"问题曾在爱情文学中受到热烈的讨论。目光被视为情感的最可靠的载体，感情正是通过它才进入心里，才得以维持。普罗贝尔斯认为，"维纳斯在黑暗中嬉戏会失去它们的光彩"；"夜晚是维纳斯的敌人……安蒂米翁正是裸体向阿波罗的妹妹表达爱意的，而这位女神也是裸体躺在他的双臂之中的。"② 同样，目光、光明、意象都被视为危险的东西。它们对于严格的道德来说是危险的：这位普罗贝尔斯认为当这些意象被引入家庭之中时，不知羞耻就会四处泛滥。③ 对于那可能受到各种邪恶意象伤害的爱情来说，它们也是危险的。奥维德劝告想维护爱情的人要谨慎："不要让光线穿过卧室的所有窗户。这样，我们身体的各个部位就不会暴露在光天化日之下。"④ 同样，残忍的意象可能是防范感情或消除感情的最佳手段。在《爱情的补救方法》中，奥维德又指出，当有人想从爱情中走出来，那么就别这样而要在光亮

---

① 普鲁塔克：《桌边闲谈》，III，6，1089a。
② 普罗贝尔斯：《哀歌》，II，15。
③ 普罗贝尔斯：《哀歌》，II，6。
④ 奥维德：《爱的艺术》，III，808。

中性交。这时，身体的缺陷、肮脏和污浊一览无余，令人恶心。同样，当有人企图离开他的情妇时，早上醒来看到乱糟糟的卫生间就是一个好办法。① 无论是维护还是反对爱情，都有一套意象的手段。而且，这也是自古代终结以来性伦理最稳定的方面之一，即反对内外意象的斗争是良好性行为的条件和保证。

3. 最后是快感，自然把它纳入性行为的过程中。人们可能消除它吗？或者让人不再感受到它吗？这不是它的问题，因为它直接与身体的运动和各种蓄势—勃起的机制相关。然而，伽利安认为我们可以阻止这一快感成为性快感结构中的过度原则。他提出的步骤明显是斯多葛派的：要认识到快感只是性行为的伴随者，不要为了一种完成性行为的理由而享用它。"快感是一件好事"，这是动物们没有的一种意见（这使动物们的行为符合自然的尺度）；相反，具有类似意见的人的行为就在于为了性行为提供的快感而追求性快感，从而沉溺于此，总是想着翻新花样。

因此，对于一种合理的养生法来说，其任务就是不再以快感作为追求的目的，而是追求不依赖于快感诱惑（好像它不存在似的）的性活动。理智应该给出的唯一目的是身体状态根据它的排泄需要所指示的目的。"显然，纯洁的人（tous

---

① 奥维德：《爱情的补救方法》，第 399 行诗句及次行；第 345—348 行诗句。参见《爱的艺术》，IV，209，他建议女人们不要在卫生间里赤身裸体。

sophronas）不是为了性愉悦而享用性交的快感，而是为了治愈不快乐症（好像现实中不存在任何快乐似的）。"① 这就是伽利安从第欧根尼的著名举止中吸取的教训：不要对你招来的妓女有所期待，哲学家要摆脱淤积在身体中的体液。因此，伽利安认为，哲学家要排出他的精液，"不要追求伴随这种排泄而产生的快感"。②

我们还可以顺便指出手淫和一些自慰快感在医学养生法中——一般地说，在希腊人与拉丁人对性行为的道德反思中——占据着十分审慎的地位。当手淫出现时，它很少是以正面的形式出现的：这种经过自然审查的举止同时有着哲学教训和必要补救的价值。大家想一想普鲁斯的迪翁转述的第欧根尼是如何笑着歌颂他在公众面前的举止的：及时地使特洛伊战争变得毫无用处的举止；大自然通过鱼的例子向我们揭示的举止；理性的举止，因为它只取决于我们，因为我们不需要旁人为我们的脚搔痒；最后是我们从诸神那里学来的举止，确切地说，是赫尔墨斯带给潘这种举止的配方，他充满爱意，不求难以企及的回应，然后，牧羊人从潘那里学会了它。③ 这就是自然本身的举止，它超出了感情或伪装，完全独立地回应严格的需求。在西方的文学中（从基督教的修道制度开始），手淫一直是与臆想及其危险联系在一起的。它是人类发明的、用来摆

---

① ② 伽利安：《论疫区》，VI，5，达伦伯格翻译，II，第 688 页。
③ 迪翁·德·普鲁斯：《演讲录》，VI，19—20。

脱对他们的限制的反自然的快感方式。在我们这个时代最初几个世纪的医学伦理中，关注是将性活动与身体的基本需求相挂钩，自慰排泄的举止成了最严厉地排斥种种无用欲望、意象和快感的方式。

*

1. 尽管这些性活动的养生法同样审慎和复杂，但是不要过分夸大它们的相对重要性。比起其他养生法——特别是饮食养生法，它们的地位要低些。当奥里巴斯在 5 世纪编撰他的医学文献大全时，他用整整四本书的篇幅讨论了不同食物的性质、缺陷、危险和功效，以及应该食用它们的条件和不应该食用的条件。他只用了两段话来讨论性的养生法，一段引自鲁弗斯的文章，另一段出自伽利安的文章。我们可以认为，这种保留尤其说明了奥里巴斯及其时代特有的态度。但是这是整个希腊—罗马医学的共同特征，即比起性的养生法来，更多地强调食物养生法的地位，对于它来说，吃喝是大事。后来在基督教的修道制度中发生了演变，性忧虑开始与对食物的关心相抗衡。但是，弃食和斋戒仍然在很长一段时间里是基本的。在欧洲社会中，这将是伦理史上一个重要的时期。这时，对性及其养生法的担忧在重要性上压倒了食物处方的严格性。在罗马时代，性快感的养生法处于一种相对低下的地位，但是无论如何，它是与庞大的食物养生法相近的，就如同这些快感本身

190

在道德思想和社会礼仪中是与吃喝的快感联系在一起的。作为美食、狂饮和恋爱的共同场所的会饮，就是直接的证明。而哲学会饮的相反仪式则间接地证明了这一点。在哲学会饮上，食物总是有节制的，狂饮还能够道出真相，爱情则是理性话语的对象。

2. 在这些医学的养生法中，我们看到一种性活动的"病理学化现象产生了"。但是一定要明白：这不是说这种事是很久之后才在西方社会中产生的，即性行为被认为是变态的载体的时候，当时，它被组织成一个有着正常形式、病态形式、特别的病理学、疾病分类学和病因学——可能还有治疗学——的领域。而希腊—罗马的医学则有不同的做法。它把性活动纳入一个每时每刻都有被机体的变化干扰和添乱的危险领域。而且在这一领域中，性活动还总有可能诱发各种疾病，无论程度如何。

我们可以从两个方面来谈性活动的病理化现象。首先，因为这不仅仅是把骚动的结果归因于性享用中的过度行为，而且还归因于过程的本性——它在机体中引起了消耗、震动和动荡。其次，尤其是因为这些医学分析是要把性活动的表象颠倒为活动和能量，其冲动是令人生畏的。它们把它描绘成一种主体被动地被身体的机制和灵魂的运动引导的过程，其中主体必须通过某种精确的调整控制自然的需求。必须明白，这种快感享用（chresis aphrodision）的医学不是要为性行为的"病理学"形式划定界限，而是揭示在性活动的深处的一种被动性要素，根据"pathos"（病理）一词的双重意义，这种要素也是一种疾病原则。性活动不是一种罪恶，它是各种可能罪恶的永恒的发源地。

3. 这样一种医学要求对性活动保持最高警惕。但是，这种关注不是旨在分析出这种活动的根源和发展过程。它也不是让主体确切地了解他自己的欲望、把他引向性活动的特殊机体运动、他所做出的选择、他所采取的活动形式或他所体验的快感方式究竟是什么。其实，所要求的关注是让他永远记住性活动必须遵循的各种规则。他不必重新发现自身中欲望的灰暗路径；他需要认识到为了恰当地（既没有危险又没有损害）完成快感活动而必须联结起的许多复杂的条件。他应该坚持一种"真实"话语；但是这种话语的作用不是向主体说出有关他的真理。它要向他传授为了最准确地和最严格地符合性活动的本质怎样求助于这些性活动。G.康吉莱姆说过，对于亚里士多德来说，"痊愈的原因在于医疗活动中的健康形式"。一般地说，"技术生产的使命不可以与手艺人同日而语，它是艺术。……艺术就是自然理性的不可妥协的目的"。[①] 我们同样可以说，快感养生法，医学所提出的快感分配的养生法，应该恰好是快感本性在思想中的形式及其一直规范行为的真理。

4. 在这些养生忠告与后来出现在基督教伦理和医学思想中的戒条之间，存在着许多相似性：以减少次数为目标的严格

---

① G.康吉莱姆：《科学史和科学哲学研究》，第337—338页。

节欲的原则，对性行为的失常可能引起的个人厄运或集体罪恶的恐惧，还有作为性关系之目的的严格控制欲望、反对快感意象和取消快感的必要性。这些相似性不是什么生拉硬扯的相像。还能找出它们之间的连续性。其中一些是间接的，通过各种哲学学说的中介：不应该作为一种目的的快感规则在基督教中更多地是通过哲学家们而不是医学家们来传递。但是，也有直接的连续性。安西里的巴斯勒关于童贞的论著——它的作者还被认为是个医生——参考了各种医学思想。圣奥古斯丁在与埃克巴尼的朱利安的争论中引用过索拉努斯。我们不要忘记了在 18 世纪和 19 世纪的上半叶，在性病理学的新的大发展的时代，希腊—拉丁医学一再被人提起。

谈起这三个共同特征，人们可能会认为基督教的或现代西方的性伦理已经在希腊—罗马文化的巅峰时代出现了，至少它的某些基本原则已经出现了。但是，这没有认识到有关自我关系形式和在主体对自身的体验中这些戒律的整合形式方面的各种根本差异。①

---

① 为了撰写这一章，我还使用过杰克·皮尧德的《灵魂的疾病：有关古代医学—哲学传统中身心关系的研究》（巴黎，美文出版社，1981 年）。

第五章

女　人

讨论婚姻问题的伟大的古典文献——色诺芬的《家政学》、柏拉图的《理想国》或《法律篇》、亚里士多德的《政治学》《尼各马可伦理学》或伪篇《家政学》——都是在一个很大的范围内反思夫妻关系的：这一范围包括城邦以及它生存和繁荣所必需的法律或习惯，也包括家庭以及支撑它或使它富裕的管理。我们不应该从这种以公民的或家庭的功用为目的的婚姻中得出结论，认为婚姻自身是一种毫无重要性的环节，它的价值只在于为国家和家庭提供一个有利的后代。我们看到色诺芬、伊索克拉底、柏拉图或亚里士多德都提出了夫妻婚后行为的规范。配偶应有的特权和应得的公正，人们给他示范和培养他的耐心：所有这一切都提示着一种超出生育功能之上的关系方式。但是，婚姻要求一种特别的行为风格，即已婚男人是一家之主和一个高尚的公民，或者是一位要求对其他人行使政治的和道德的权力的人。在这种已婚艺术中，对自我必要的控制必须给予理智的、节制的和公正的人的行为一种特别的形式。

在从公元前 2 世纪到公元 2 世纪期间相继出现的一系列文本中，婚姻行为的伦理变得相当不同了。在这一段漫长的时间里，我们可以看到婚姻实践中发生了某种变化。这些文本包括安蒂帕特的《论婚姻》，它是人们长期以来认为是亚里士多德的伪篇《家政学》的最后一部分的一篇希腊文本的拉丁译本，还有穆索尼乌斯论述婚姻的几段不同的文字、普鲁塔克的《夫妻戒律》和《爱情对话》、伊耶洛克勒的婚姻论著，当然在塞涅卡或埃比克泰德的著述和某些毕达哥拉斯学派的文本中也有这方面的论述，当然，它们不在我们讨论的范围之内。①

我们是否应该说婚姻成了一种比以往更持久的和更受争议的问题呢？是否应该认为婚姻生活的选择和正当的行为方式在这个时代引起了人们更多的不安，人们花了更多的精力来质疑它们呢？当然，要给出一种定量的回答是不可能的。但是，婚姻生活的艺术在几种重要的文本中已经以一种相对新颖的方式被反思和界定了。第一个新颖之处在于，婚姻生活的艺术在有关家政及其管理、孩子的出生和养育方面愈来愈强调处于这一整体之中的一个特殊要素：夫妻之间的个人关系、可以把他们结合起来的联系、他们之间的行为方式。这种关系远比家庭主人的其他生活要求重要得多，它是首要的和基本的要素，一切其他的要素都是以它为中心的，从它之中派生出来和获得力量的。总之，婚姻中的行为艺术很少是通过一种治理的技术来自我界定的，而更多的是通过一种个人关系的风格化来表现的。第二个新颖之处是，已婚男子的行为节制原则在于双方的义务，而不是对于其他人的控制；或者说，这一新颖之处在于自我对自我的主宰愈来愈多地表现在实践对他人的义务、特别是对配偶的某种尊重之中。在此，自我关注的强化是与对他人的强调相辅相成的。有时，新的阐述性"忠诚"问题的方式见证了这一变化。最后，最重要之处在于，这种以关系和对称性为

---

① H.泰斯勒费：《希腊化时期毕达哥拉斯学派著述导论》和《希腊化时期毕达哥拉斯学派的文本》。

形式的婚姻艺术给予了夫妻之间性关系问题一种相对重要的地位。这些问题总是被人以审慎的和隐喻的方式来处理。因而在诸如普鲁塔克等作家那里，我们发现了他们优先考虑为夫妻规定如何在性快感关系中行事的方式。对生育的兴趣在此是与有关爱情、情感、心意相通和相互同情的其他意义与价值联结在一起的。

　　不过，再说一遍，我们不能认为这些行为方式或感情在古典时代里是闻所未闻的事，只是在古典时代之后才出现的：确定这一秩序的变化需要有一套完全不同的资料和一些不同的分析。但是，假如大家相信所处理的文本的话，那么这些态度、这些行为的方式和这些行事与感知的方法就成了质疑的主题、哲学论争的对象和反思如何行动的艺术的要素。① 一种两人生活的风格化摆脱了各种古代的婚姻管理的戒律：在一种夫妻关系的艺术、一种性垄断的学说和一种共享快感的美学中，人们可以很清楚地看到这种风格。

---

① M. 梅斯林：《公元 1 世纪罗马人的各种来源》，第 143—163 页。

一

婚姻关系

通过这些对婚姻的反思，特别是通过公元 2 世纪斯多葛派的文本，我们可以发现一种夫妻关系的模式。这不是说这给婚姻强加了一些新的体制形式，或者要把它纳入一个不同的法律框架里。但是，这不是对各种传统结构的质疑，而是旨在界定一种夫妻之间的共存模式、一种夫妻关系的样式和一种共同生活的方式，它们与古典文本中的说法已经相当不同了。哪怕说得非常夸张，并且使用了一套不合时宜的词汇，但是我们可以说婚姻不再仅仅被视为一种确定家政管理中角色互补性的"婚姻形式"，而且还是男女之间的"夫妻关系"和个人关系。这种婚姻生活的艺术界定了一种具有双重形式、普遍价值和特殊的强度和力量的关系。

1. 一种双重关系。穆索尼乌斯·鲁弗斯说过，假若有什么东西是符合自然的（kata phusin），那么这就是婚姻。^① 希耶罗克勒为了说明他关于婚姻的论说是出自必然的，进而提出正是自然把我们人类带进了这种夫妻共同体。^②

这些原则只是继承了一种十分传统的教训。某些哲学学派、特别是犬儒派所争论的婚姻的自然性通常是以一系列的原因为基础的：男女为了生育必须性交、为了确保后代的教育必须让这种性交以一种稳定的关系延续下去、两人生活能够在提供服务和义务的同时带来一切帮助、舒适和娱乐的总和，最后还有作为城邦的基本要素的家庭构成。根据其中第一种作用，男女的结合具有所有动物共有的原则；根据其他作用，男女的结合则代表着各种通常被认为是人类的和理性的生存方式。

婚姻是一种自然的事情，因为它对生育和生命共同体带来了双重贡献。这一主题被帝国时期的斯多葛主义者们在继承的同时改变了它的意义。

首先是穆索尼乌斯。我们可以从他的阐述中发现口气有了某种变化，即从"生育的"目的转向了"共同体的"目的。在他的论著《论婚姻的目的》中，有一段话说明了这一点。^③ 它一开始讲论的是婚姻目的的双重性：获得后代和共享生活。然而，穆索尼乌斯立即补充道，生育可以是一件重要的事情，但

203

---

① 穆索尼乌斯·鲁弗斯：《剩余》，亨斯编辑，XIV，第71页。参见C.鲁兹的《穆索尼乌斯·鲁弗斯》，"耶鲁古典研究"，第10卷，1947年，第87—100页。

② 希耶罗克勒：《论婚姻》，收在斯托倍的《诗选》中，21，17。

③ 穆索尼乌斯·鲁弗斯：《剩余》，XIII，A，第67—68页。

第五章　女　人　　　　　　　　　　　　　　　　171

是它无法以自身证明婚姻的正当性。在提出通常犬儒派都会作出的反对意见的同时，他指出，若是人类只是要后代的话，那么他们完全可以像动物那样做：先结合，然后立即分离。如果他们不是这样做的话，那么他们的目的是共同体：一个生活共同体，其中双方互相关心和爱护，可以比作马车中的两匹连缰之马，若是它们只注意自己的这一边，那么马车就无法前进。如果说穆索尼乌斯偏爱以生儿育女为目标的帮助和援助的关系，那么这是不正确的。但是，这些目标必须被纳入唯一的共同生活的方式之中。配偶双方的相互关心和共同抚养后代是这一根本方式的两个方面。

　　穆索尼乌斯在另一段话中指出了这一结合的方式是怎样被自然刻入每个个体之中。在《论婚姻是哲学的障碍》一书①中，他提到人种中男女之间最初的分别。穆索尼乌斯讨论了这一事实，即在区别两个性别之后，创造者还想让他们相互接近。然而，穆索尼乌斯又指出，自然在让他们相互接近的同时，在他们每个人之中置入了一种"强烈的欲望"，一种既想"交合"（homilia）又想"联姻"（koinonia）的欲望。在这两个术语中，第一个（homilia）指的是性关系，第二个（koinonia）则指的是生活共同体。因此，必须明白，人性中有一种根本的和原初的欲望，这种欲望既导致肉体接触，又造成共享生活。这一论点有如下双重结果：这一极端强烈的欲望

204

---

① 穆索尼乌斯·鲁弗斯：《剩余》，XIV，第 70—71 页。

不仅规定了导致两性交合的运动，而且规定了导向共享生活的运动。与此相反，性关系与通过灵魂的兴趣、感情和共同体把男女个体联结起来的各种关系都属于同一个理性的规划。正是同一种自然倾向以同等的强度和相同的理性造成了生存的耦合和身体的结合。

因此，对于穆索尼乌斯来说，婚姻是没有充分根据的，因为它正处于两个不同倾向的交叉点上。一个是身体的和性的倾向，另一个是理性的和社会的倾向。婚姻的根据在于一种直接导向它这个根本目的的原始的和唯一的倾向，并且通过它而导向它的两个内在结果：产生共同的后代和生活共同体。我们不难明白，穆索尼乌斯可能会说没有什么比婚姻更值得欲求的了（prosphilesteron）。婚姻的自然性不是起因于人们可以从它的实践中得出的那些独一无二的结果，它从最初把婚姻构成为理想目标的倾向一出世时就显示出来了。

希耶罗克勒以十分相似的方式把婚姻奠基于人的"二元"本性之上。对他来说，人类是一些"耦合的"（sunduastikoi）动物。① 这一观念在一些自然主义者那里已经存在：他们区分了群居的（sunagelastiko）动物和配对的（sunduastikoi）动物。而且，柏拉图在《法律篇》的一段话中提到了这一区分：他向人类列举了一些动物，它们在群居时是贞洁的，当交配季节来临时，它们就会成双成对，成为"耦合的"动物。同

---

① 希耶罗克勒：收在斯托倍的《诗选》中，22。

第五章 女 人

样，亚里士多德也在《政治学》中提到人的"耦合的"特征，用来表示主奴关系和夫妻关系。[1]

希耶罗克勒使用这一观念时则有着各种不同的目的。他认为这一观念只涉及配偶关系，后者的根据和自然性的基础都在于前者之中。在他看来，人性是二元结构的。人是为了两人生活而被置入一种既为他带来后代又可以让他与一个伴侣共度人生的关系之中。对于希耶罗克勒和穆索尼乌斯来说，自然并不高兴让位于婚姻。它通过一种原始的倾向激发个人结婚；它像推动哲人那样激发每个人。自然和理性在导向婚姻的运动中相互契合。但是，还必须注意，希耶罗克勒并不把人类成对生活的耦合性和群体生活的"社群性"对立起来，好像它们是两个不相兼容的可能性。人类是为了成对生活而存在的，也是为了生活多样化而存在的。人同时既是耦合的和社会的：双向关系和多元关系是联系在一起的。希耶罗克勒的解释是，一个城邦是由各种作为构成要素的家庭组成的，但是，在每一个家庭之中，一对夫妻则构成它的基础并使之完美。这样，只有当家庭是以夫妻为中心而组织起来时，它才是完整的。因此，我们可以在人类生存的整个过程及其各个方面中发现配偶的二元性：在自然赋予人的原初体质中，在作为理性创造物的人所必须承担的义务中，在把人与他所属的人类共同体联结起来的社会生

---

[1] 亚里士多德：《政治学》，I，2，1252a。在《尼各马可伦理学》（VIII，12）中，他还就夫妻关系使用了这个词。

活方式中。作为动物，理性生物和通过理性与人类相结合的个体，人无论如何都是一个耦合的存在。

2. 一种普遍的关系。长期以来，在有关生活方式的反思中，知道是否应该结婚的问题一直是讨论的对象。婚姻的利与弊、拥有一个合法妻子及其所生育的体面的后代的好处、养育妻子、监护孩子、满足他们的需要和有时遇到他们生病或死亡时的担忧和苦恼，这就是时而严肃、时而反讽和一直被重复争论的经久不衰的主题。在古代，各种反响一直到很晚才出现。埃比克泰德、亚里山大的克莱芒、归在吕西安名下的《爱情》一书的作者，还有利巴尼奥斯在他的论著《如果结婚》中，都参考了这一数个世纪中都未更新的争论。伊壁鸠鲁主义者和犬儒派是反对婚姻的。斯多葛主义者则相反，他们最初是赞同婚姻的。① 总之，应该结婚的论题在斯多葛主义中是十分常见的，而且是它的个人道德和社会道德的特点。但是，斯多葛派的观点在道德历史上的重要性，是它没有因为婚姻的利弊而简单地表明自己对婚姻的偏爱。对于穆索尼乌斯、埃比克泰德或希耶罗克勒来说，结婚不属于一种"最好的范畴"，它是一种义务。婚姻关系是有普遍准则的。这种一般的原则依据的是两种反思形式。对于斯多葛派来说，结婚的义务首先是这一原则的直接结果，即婚姻是自然所希望的，而且人的存在也是在一种大家共同具有的、既是自然的又是理性的冲动的引导下走向婚姻。

---

① 参见第欧根尼·拉尔修：《哲学家们的生平》，VII, 1, 121。

但是，一旦人被认为是共同体的一个成员和人类的一部分，这一义务作为一个成分就被包含在人的存在不可被剥夺的各种使命和义务的整体之中：婚姻是个体的生存借以获得普遍价值的这些义务之一。

埃比克泰德与一位伊壁鸠鲁主义者的讨论清楚地揭示了婚姻被认为是对想过一种符合自然的生存方式的所有人都普遍适用的义务和对要求过一种有益于周围人和整个人类的生活的个人普遍适用的作用。埃比克泰德在第三卷第七对谈录中所批驳的那位伊壁鸠鲁主义者是一位名人；他担任着许多职务；他是"一些城市的检察官"；但是，为了忠实于他的哲学原则，他拒绝婚姻。对此，埃比克泰德从三个方面进行了反驳。第一个是有关普遍放弃婚姻的直接用处和不可能性：若是每个人都拒绝结婚，那么"这会产生什么结果呢？公民们从何而来？谁来抚养他们？谁来关心男童？谁来当体操家呢？还有，怎样来教育他们呢？"[1] 第二个有关任何人都不可能被剥夺的社会义务，婚姻也是其中之一，它涉及政治生活、宗教和家庭："履行他的公民义务，结婚、生子、尊神和照顾父母。"[2] 第三个则涉及理性也要服从的自然行为："为了激发你的热情，为了使我们的行为符合自然，快感要像大臣和仆人一样服从这些义务。"[3]

由此可见，应该结婚的原则是与权衡婚姻的利与弊的游

---

① 埃比克泰德：《对谈录》，III，7，19—20。
② 埃比克泰德：《对谈录》，26。
③ 埃比克泰德：《对谈录》，28。

戏无关的。它要求大家选择普遍的生活方式，因为这既符合自然又有益于所有的人。婚姻把人与自身联结了起来，因为他是自然的存在和人类的一员。埃比克泰德在告辞时向他的对话者——一位伊壁鸠鲁主义者——说：若是不照宙斯的规定去做，那么"你会遭受困苦和损害的。——什么损害？——就是未履行你的义务所造成的损害。你破坏了你作为一个忠实、高尚和节制的人的形象。没有什么损害比这个更大的了"。①

不过，像所有其他行为一样，斯多葛派把婚姻归入更好的事情（proegoumena）一类。在婚姻并非强制性要求的情况下，婚姻是能够出现的。希耶罗克勒说过："结婚是更可取的事情（proegoumenon），因此，若是没有相反的情况，那么它对于我们来说就是一条律令。"② 斯多葛派与伊壁鸠鲁主义者正是在这一婚姻义务与实际情况之间的关系之上观点各异。对于后者来说，没人被要求去结婚，除非环境认为这种结合方式是理想的。而对于前者来说，唯有一些特殊的情况才能中止这一人类无法逃避的义务。

在这些情况之中，有一种情况在很长时间里是讨论的对象：这就是哲学生存的选择。从古典时代以来，哲学家的婚姻一直是争论的主题，这可能有好几个原因：这种生活方式与其他生存方式是异质的；或者，哲学家的目标（关注自己的灵

---

① 埃比克泰德：《对谈录》，III，7，36。
② 希耶罗克勒：收在斯托倍的《诗选》中，22。

魂、控制自己的激情、追寻精神的安宁）与传统所描绘的婚姻生活的焦虑和困扰是不相容的。简言之，要想调和哲学生活的特有风格与婚姻义务的要求，看来是困难的。然而，有两篇重要的文本却揭示了一种不仅要解决困难而且提出了这一问题的各种已知条件的完全不同的方式。

其中，穆索尼乌斯是最早的作者。他反复考虑了婚姻生活与哲学生存之间实际不相容的问题，最后他肯定了这两种生活的基本互属关系。① 他说，想成为哲学家的人就应该结婚。他必须这样做，因为哲学的首要作用就是让人可以过一种符合自然的生活，完成自然赋予的一切义务。他要以一切适宜于符合自然的人类生活的东西作为"导师"。但是，他比其他任何人更应该这样做，因为哲学家的作用不是简单地依循理性而生活，他还应该成为其他人的理性生活的榜样和导师。哲学家不能逊色于他所督促和指导的人们。若是他不结婚，那么他的表现就不如所有遵从理性和自然、关心自己和他人、过着婚姻生活的人。这种婚姻生活并不有悖于哲学，对于哲学来说，它构成了一种双重的职责：对于自我，要有赋予自身生存一种普遍有效的方式的职责，对于其他人，则必须给他们提供一种生活典范。

我们可以把埃比克泰德提出的分析与这种分析进行对照，因为他勾勒出了犬儒主义者的理想画像，即专门从事哲学研究

---

① 穆索尼乌斯·鲁弗斯：《剩余》，XIV，第 70 页。

的人应该是公共教育家、真理的传令官和宙斯派往人间的信使，他质询人类并且批评他们的生活方式。这种人不能有"衣饰、住处、家庭"，"没有奴隶和祖国"，"没有财产"。他更没有"妻子和孩子"，"只有天地和一件旧外套"。① 关于婚姻及其弊病，埃比克泰德还列出了一张熟悉的图表。他的平庸热情符合长久以来人们所说的困扰灵魂和未被思考过的"家务的忧虑"。结婚后，人就受制于一些"私人义务"：他必须烧热锅中的水，送孩子们上学，替岳父做事，给妻子提供羊毛、油、床和杯子。② 乍一看，它只涉及一长串的义务名单，它们充斥于哲人的心中，阻止他关注自己。但是，埃比克泰德认为，理想的犬儒主义者必须拒绝结婚的原因不是只关注自身的意志，而是恰恰相反，因为他的使命就是关心人类，督促他们，去做他们的"导师"。他就像医生一样，应该"出外巡诊"，"替大家搭脉"。③ 一旦为各种家务所累（尤其是埃比克泰德所描述的为生计奔忙），他就没有闲暇时间完成一种为了全人类的使命。他对所有私人关系的拒斥只是他作为哲学家维系与人类的联系的结果。他没有家庭，因为他的家庭就是人类。他没有孩子，因为他以某种方式养育了全部男女。因此，必须懂得：正是普世家庭的义务，让犬儒主义者不再忙于个别的家务。

　　但是，埃比克泰德并未到此为止：他给这种不相容性作

①　埃比克泰德：《对谈录》，III，22，47。
②　埃比克泰德：《对谈录》，70—71。
③　埃比克泰德：《对谈录》，73。

第五章　女　人

了某种限制，即对当前处境和他所说的世界的现实"境况"（catastase）的限制。若是我们身处哲人之城，那么这些由诸神派来的、抛弃了自己一切的和唤起其他人追求真理的人就没有存在的必要了。所有的人都是哲学家：犬儒主义者及其艰苦的事业都是无益的。另一方面，在这种情况下，婚姻不再会给人类造成像今天这样的困难。每位哲学家都可以在妻子、岳父、孩子们身上发现与他一样和受到同样教育的人。^① 配偶关系让他与另一个自己在一起。因此，必须考虑到，对于激进的哲学家来说，拒绝婚姻不是去从根本上谴责它。它只是出于环境的需要。只有当所有人都能够过一种符合自身本性的生活，哲学家的独身主义才会消失。

　　3. 一种独特的关系。罗马帝国时期的哲学家们显然没有创立配偶关系的感情维度，因为他们没有消除个人的、家庭的或公民的生活中有用性的各个组成成分。但是，对于这种关系及其维系夫妻关系的方式，他们要求赋予一种独特的形式和特性。

　　亚里士多德赋予了夫妻关系很多的重要性和力量。但是，当他分析人与人之间的爱恋关系时，他似乎把优先权给予了血缘关系。在他看来，没有什么比父母与孩子的血缘关系更加强烈了，孩子们可以通过血缘关系认识到自己是父母的一部分。^② 穆索尼乌斯在《婚姻是哲学的障碍》的论著中提出的

213

---

① 埃比克泰德：《对谈录》，III，67—68。
② 亚里士多德：《尼可马克伦理学》，VIII，12。

等级制则不同。在人类所能建立的一切共同体之中，穆索尼乌斯认为婚姻共同体是最崇高的、最重要的和最令人尊敬的（presbutate）。它的力量表明它优越于能够把朋友与朋友、兄弟与兄弟、儿子与他的父母联结起来的共同体。它甚至优先于把父母与他们的后代联结起来的关系（这是关键之处）。穆索尼乌斯写道，任何父亲和母亲对于自己孩子的爱都不会超过他们对自己配偶的爱。为此，他引用了阿德梅特的例子。谁会为他献身呢？不是他的老父母，而是他还很年轻的妻子阿尔塞斯特。①

这样，婚姻关系成了最根本的和最紧密的关系，它旨在界定一种生存方式。婚姻生活的特点一直是以互补的方式分配各种任务和行为。男人需要做女人无法完成的事情，而女人则要完成不属于她的丈夫分内的工作。正是共同的目标（家庭兴旺）使这些定义不同的活动和生活方式统一了起来。这种对特殊角色的调整并没有让给予已婚人士的生活戒律销声匿迹。希耶罗克勒在他的《家政学》②中，参考了与色诺芬相同的准则。但是，在这一涉及家庭、财富和产业的行为分配之后，确实存在一种分享生活和共同生存的要求。对于夫妻双方，婚姻艺术并非简单地是一种理性的行为方式，即每一方根据双方确认的和共同参与的目的来行事；而且还是一种二合一的生活方式。

214

---

① 穆索尼乌斯·鲁弗斯：《剩余》，XIV，第 74—75 页。
② 希耶罗克勒：收在斯托倍的《诗选》中，21。

婚姻所要求的行为风格就是，配偶双方都把自己的生活当作一种两人生活，他们一起形成了一种共同生活。

这种生存风格首先是以一种相处的艺术为标志的。男人应该出外谋生，而女人则应该呆在家里。但是，一对好夫妻总想团聚，尽可能少地分离。对方的存在、面对面和共同生活不仅是义务，而且是让夫妻团聚的婚姻关系所特有的期望。他们每人都可以有自己的作用；他们无法彼此忘怀。穆索尼乌斯强调夫妻要在好的婚姻中体会怎样相处。他甚至把分离的困难当作他们独特爱情的标准。他指出，没有什么人的离去要比妻子不在丈夫身边和丈夫不在妻子身边更难以承受。没有哪个人的陪伴能有如此的力量来减轻痛苦、增添欢乐和抵抗厄运。① 对方的在场是婚姻生活的核心。我们记得，普林尼在谈到不在身边的妻子时，说自己没日没夜地寻找她，但是徒劳无功，只得靠回忆她的面容来感受她的逼真存在。②

共同生活的艺术也是说话的艺术。色诺芬在《家政学》中描述了一种夫妻双方交流的模式：丈夫必须是领导，他要提出建议、传授经验和指导妻子管好家务；妻子则应该询问她不懂的东西，考虑她可以做的事情。很久之后才出现的一些文本则提出了另一种夫妻对话的方式，其目的也不同。在希耶罗克勒看来，夫妻双方都应该告诉对方自己的所作所为。妻子要向丈

---

① 穆索尼乌斯·鲁弗斯：《剩余》，XIV，第73—74页。
② 普林尼：《书信集》，VII，5。

夫讲述家中所发生的一切，但是她还应该向他询问外面所发生的一切。①普林尼喜欢卡尔普尔尼亚随时了解他在外面的活动，鼓励他并为他的成功而高兴。这在罗马大家族中是历史悠久的传统。但是，他让她直接参与到他的工作中，反过来，她对纯文学的鉴赏又通过她对丈夫的柔情蜜意启发了他。他把她变成了自己文学创作的见证人和评判者。她阅读他的作品，聆听他的讲演，高兴地收集她所能听到的赞美词。因此，普林尼所希望的相互爱慕（concordia）将是永恒的，它将一天比一天更加强大。②

由此，婚姻生活还应该是构成一个新的二人统一体的艺术。大家都记得色诺芬是怎样区分自然赋予男人和女人的不同才能的，以便让他们可以在家庭中各尽其责。或者，大家还记得亚里士多德赋予男人追求完善的可能性，而让女人一直保持低贱和服从的美德。与此相反，如果说斯多葛派没有赋予两性相同的才能，那么至少赋予了相同的追求美德的能力。穆索尼乌斯认为，好的婚姻是基于"homonoia"（和谐）的，但是，不应该是把它理解成两位伴侣之间的思想相似性，而是在合理方式、道德态度和美德方面的一致。这就是夫妻应该在婚姻生活中确立的真正的伦理统一体。穆索尼乌斯把这种统一体描述成同一个结构中两个构件相互配合的结果。为了构成一个稳固的整体，

---

① 希耶罗克勒：收在斯托倍的《诗选》中，24。
② 普林尼：《书信集》，IV，19。

它们相互之间必须完全正直。① 但是，为了确定夫妻必须形成的统一实体的特性，人们有时候要诉诸另一个比相互配合的两个构件的隐喻更加强大的隐喻。这就是完全融合（di'holon krasis）的隐喻，它是从斯多葛派的物理学中借用来的。

安蒂帕特的论著为了区分夫妻爱情与其他友爱形式，已经诉诸过这种模式了。② 他把其他友爱形式描述成一些其中各相互独立的成分的结合，如同各种谷粒混合在一起，人们还可以把它们重新分开。"混合"（miXis）一词指的就是这种重叠式的混同。与此相反，婚姻必须是完全的融合，如同我们所看到的酒与水相互融合成一种新的液体一样。普鲁塔克在《夫妻戒律》的第 34 条中提到这一婚姻"融合"（crase）的观念。它被用来区分三种婚姻形式，指出它们之间的高下。有一些婚姻只是为了床笫之欢而订定契约的，它们属于混合的范畴，其中各种成分相互重叠，又彼此独立。还有一些婚姻是出于利益的考虑，它们像是一些其中各成分结成一个新的和稳定的统一体而随时又可能相互分离的结合，这就是同一结构中两个构件所构成的统一体。至于完全的融合——"融合"确保了一种新的统一体的形成，没有什么东西可以拆散它，唯有具有爱情的婚姻（夫妻双方通过爱情结合起来）才能实现它。③

---

① 穆索尼乌斯·鲁弗斯：《剩余》，XIII，B，第69—70页。
② 安蒂帕特：收在斯托倍的《诗选》中，25。
③ 普鲁塔克：《夫妻戒律》，34（142e—143a）。第 20 条（140e—141a）还把好的婚姻比作一条通过子孙的交织而被强化的绳索。

仅仅这几个文本无法代表公元初几个世纪里的婚姻实践和概括它可能引发的理论争论。我们必须通过它们对某些学说的部分讨论和对某些受到相当限制的社会环境的特殊看法来把握它们。但是，我们从中发现，这些残篇已经勾勒出了一种夫妻生活的"强有力的模式"。在这一模式中，与他人的关系看来是最根本的，它既不是血缘关系，也不是友爱关系，而是男女在婚姻体制的形式和以婚姻为基础的共同生活中相互结合的关系。家庭系统或者友爱网络无疑具有它们大部分的社会重要性；但是，在生存艺术中，相对于维系两性伴侣的关系，它们失去了一点自身的价值。在牺牲其他关系的前提下，这种双重的和异性的关系被赋予了一种既是本体的又是伦理的自然特权。

根据这些条件，我们不难理解这种婚姻艺术中最特别的特征之一，这就是对自我的关注与对两人生活的关心是密切相关的。如果与作为"妻子"和"配偶"的女人的关系对于生存是至关重要的，如果人的存在是一种夫妻个体，其本性在共享生活的实践中得以实现，那么在与自我的关系和与他人的关系之间就不可能存在什么本质上和原初的不和谐。婚姻艺术完全属于自我的教化一个部分。

但是，关注自身的人不应该只是结婚；他必须赋予自己的婚姻生活一种反思形式和一种特殊风格。这种风格及其节制要求，不只是由控制自我和为了指挥别人而必须管好自我的原则来界定的，而且还是由确立某种相互性的方式来界定的。在非常强烈地标志着每位成员的生存的夫妻关系中，作为特殊伴侣的配偶必须被当作与自我相同的存在和一个与之形成统一实体的成分。这就是自我教化中婚姻论题的悖论之处，全部哲学的发展阐明了这一点，即妻子—配偶在此作为典型的他者而受到重视，但是丈夫还必须承认她与自己形成了统一体。因此，与婚姻关系的传统方式相比，这种变化是相当大的。

二

独占的问题

我们可以料想到有关婚姻生活的论著会赋予夫妻之间正常性关系的养生法一个重要的角色。事实上，为性关系保留的地位是相对有限的，好像婚姻关系在此之前就已经确定了，从长远角度看，性关系是从婚姻关系之中派生出来的。这还好像所有对两人生活的规范还留下了尚未搞清楚的夫妻之间性的问题。

毫无疑问，传统对此是审慎的。柏拉图在对这种事情制定法律——确定养育优良后代的注意事项，规定未来父母应有的体质和道德状况，甚至要设立干预年轻夫妇生活的女检察官——时，强调让人接受有关这些事情的立法可能有一定的难度。① 从中世纪开始的基督教教士守则，它的谨小慎微与希腊人的这种审慎是不同的。对于基督教教士守则来说，要让一切

———————

① 参见《快感的享用》，第三章；柏拉图：《法律篇》，VI，779e—780a。

都符合规范——性姿势、频率、手势、每个人的精神状态、一方对另一方想法的了解、一方的欲望表示、另一方接受它的标志，等等。对于这些事情，希腊化—罗马的道德很少谈及。

然而，好些有关快感的享用与婚姻生活之间关系的重要原则在其中某些文本中已经得到完整的阐述。

我们知道，从传统上看，性活动与婚姻的联系是根据养育后代的必要性被建立起来的。这一生育目的成了结婚的理由之一。正是它让性关系成了婚姻中必要的东西，而且，如果没有它，婚姻就可能解体。为了使生育有尽可能好的条件，已婚的人要获得怎样完成夫妻性行为的一些建议（如选择恰当的时机，在性活动之前应当注意养生）。还有，为了避免私生子引起的麻烦，人要反对婚外性关系（不仅女人要这样，而且男人也要这样）。大致说来，在古典文本中，婚姻关系与性关系的综合主要是为了生育。（至少对于男人来说，）性活动的本性和婚姻的本质都不隐含着只在婚姻中才有性快感的意义。除了非法生育外，鉴于自我控制的伦理要求，没有理由要求一个男人，甚至一个已婚男人，只在他的妻子那里获得他的全部性快感。

然而，在公元最初的几个世纪里的严格的婚姻道德中，我们不难看到所谓的性关系的"配偶化"——一种既直接又相互的配偶化。所谓直接，是指性关系本质上应该排除在婚外的使用。所谓相互，这是因为夫妻之间形成的婚姻和联系本质上应该排除可能在别处寻找性快感。因此，婚姻状态和性活动应该相互一致：这是完全正当的，而不是只为了生养一个合法后代的目标。这种一致——或者说是旨在使得它们相互一致的运动，其中存在着许多可能的变动和边界——表现在两个原则中：一方面，根据性快感的本质，它不能外在于婚姻，这实际上意味着这甚至在未婚的人那里也不应该被容忍；另一方面，婚姻意味着妻子可能有受到伤害的危险，不仅是失去自己的地位，而且她的丈夫可能在外面寻花问柳。

1. 毫无疑问，很少有古典文本提出一切性关系如果不发生在赋予它们合法性的婚姻关系中就应该被谴责的原则。除了保持个人的节制和尊重习俗、法律和其他人的权利外，一个单身汉可以根据自己的意愿去获得快感。甚至在这种严格的道德中，只要他没有结婚，人们就难以要求他绝对摒弃随意获得快感。根据塞涅卡的说法，马尔西亚的儿子只是通过伟大的个人美德的影响，才拒绝了爱慕他的女人们的接近，他甚至会因为可能让她们高兴而感到脸红，好像犯了错误似的（quasi pecasset）。[1] 我们可以注意到，迪翁·德·普鲁斯对于卖淫及其组织方式是很严厉的。首先，他从中看到了一种"爱情的非爱恋的形式和一种与阿芙罗狄忒无关的联姻；其次，因为卖淫的牺牲品都是一些心怀不满的人。然而，尽管他希望一个被管理有方的城邦要去除这些制度，但是他并不想要立即废除它们和消灭一种同样根深蒂固的罪恶"。[2] 马克·奥勒留庆幸自己

---

① 塞涅卡：《慰问马尔西亚》，24。
② 迪翁·德·普鲁斯：《演讲录》，VII。

在性快感方面的节制。他"维护了自己的青春之花"，他没有
"过早尝试成年人的行为"，他甚至已经"超过了时间"。也许，
他的一些阐述很好地说明了这一点：美德的要点不在于他只在
婚姻中享用快感这一事实，而在于他知道怎样自我控制，以便
等待比通常所要求的更长时间，直到享用性快感的那一刻。①
埃比克泰德也是如此，他提出了在婚姻关系之前不发生性关系
的理想。但是，他把它当作建议的对象。人们应该尽可能地遵
循这一建议，但是，这不是要把一种类似的贞操作为一条狂妄
的戒律："至于性爱快感，必须尽可能地完全避免在婚前享用
这些快感。若是人沉溺于此，那么应该让他享用他该得到的那
部分。不要纠缠那些享用性爱快感的人，不要教训他们；也
不要四处说你自己是不享用快感的。"② 这是他在性关系上所作
的最大保留。埃比克泰德没有通过婚姻的形式、权利和义务以
及配偶的职责来证实它。他只是解释它，因为人对自己负有义
务，因为人是神的一个片断，因为人必须尊崇这一暂时寄居在
人体中的原则，因为人必须在日常生活的全过程中尊重它。对
人是什么的呼唤，而不是对与他人的关系的意识，应该利用
永恒的节制原则："你难道不想提醒自己，当你吃饭时，你是
谁，谁滋养了你？你在发生性关系时，你是谁？在你的社会生
活中，在你锻炼身体时，在你的会谈中，你是否知道，你滋养

---

① 马克·奥勒留：《沉思录》，I，17。
② 埃比克泰德：《指南》，XXXIII，8。

的是一位神，你锻炼的是一位神？"……面对出现在你身体中、看得见和听得到一切事情的神，你没有为思念和发生性关系而感到脸红，你是一个没有意识到自己本性的人，神会向你发怒的。①

相反，穆索尼乌斯·鲁弗斯却要把性活动完全配偶化，因为他谴责一切不在配偶之间发生的并且不以婚姻为目标的性关系。保存在斯托倍那里有关"快感"的论著，其中有段对放荡生活的惯常批评。它认为放荡生活是一种无法对自己实施必要控制的生活，它放任自己无限制地追求各种罕见的快感和"可耻的性关系"。然而，对于这种世俗的批评，穆索尼乌斯以正面规范的方式界定了什么应该被看成是合法的快感（aphrodisia dikaia）。他指出，这些都是伴侣双方在婚姻范围内并为了生儿育女而获得的快感（ta en gamoi kai epi genesei paidon sunteloumena）。为此，穆索尼乌斯澄清了两种可能的假设：或者在通奸（moicheia）中寻找各种婚外性关系，它们都是违法的（parnomotatai）；或者在通奸之外获得这些快感，但是既然它们已经"丧失了合法性"，那么它们就是可耻的和有着放荡根源的。② 配偶是性活动合法性的条件。

在过分追求快感违反了对自我的必要控制的古老论题与

————————

① 埃比克泰德：《对谈录》，II，8（12—14）。
② 穆索尼乌斯·鲁弗斯：《剩余》，XII，第63—64页。

225

只有在婚姻体制的范围内才有合法快感的原则之间，穆索尼乌斯·鲁弗斯跨出了重要一步。他从中得出了必要的结果，尽管它在许多同时代人看来是自相矛盾的。而且，他还是针对可能的反对意见而提出它的，即他是否应该谴责在两个不受婚姻关系约束的自由人之间发生的性关系呢？"一个与女仆或未婚女人发生性关系的男人不会损害自己的权利，也不会没有生育后代的希望。"甚至在这些条件下，人们犯了错误——就像人们可能在不损害周围其他人的情况下犯了一个错误：人们弄脏了自己，"人们像猪一样以自己的污秽为乐"。[①] 在这一婚姻与性活动之间本质关系的概念内涵中，还必须加入穆索尼乌斯·鲁弗斯对避孕的拒斥。在一本讨论所有的孩子是否应该被抚养的问题的论著中，他认为那些避孕实践是违反关心和维护人口发展的城邦法律的。它们还损害了个人，因为有后代是十分有利的；此外，它们还危害到诸神设立的宇宙秩序："那么，当我们做了这些事后，我们怎么不违反我们祖先的诸神和家庭的保护神朱比特呢？确切地说，就像那个粗暴对待违反作为好客之道的保护者宙斯的东道主的人一样，就像那个不公正地对待违反友谊之神宙斯的朋友的人一样，就像那个不公正地对待他那违反祖先的诸神和家庭保护神宙斯的后代的人那样。"[②]

我们可以发现，这里已预示了后来的基督教的观念，即

---

① 穆索尼乌斯·鲁弗斯：《剩余》，XII，第63—64页。
② 穆索尼乌斯·鲁弗斯：《剩余》，XV，第78页。这本论著曾被路南引用和评论过，见他的《节育和婚姻》，第66—67页。

性快感本身是一种污垢，唯有合法的婚姻形式以及最终的生育才是可以接受的。事实上，穆索尼乌斯的这段话曾被亚历山大的克莱芒在《教育者》的第二卷中引用过。[①] 然而，若是穆索尼乌斯——如同大部分的古代道德家一样，除犬儒派之外——认为这种关系的公共实践是可耻的，那么可以肯定的是，认为他主张性快感是一种罪恶和婚姻只有在严格范围才被恢复和规范它的必要用法，这是歪曲了他的学说。如果说穆索尼乌斯认为一切婚外性关系都是可耻的，这并不意味着婚姻是被附加到性关系上的，目的在于去除性关系内在的错误特性，而是对于人类来说，无论是理性的还是社会的，把性行为纳入婚姻关系中并且养育合法的后代，才是合乎它的本性的。性行为、夫妻关系、生殖、家庭、城邦以及人类共同体，所有这些构成了一个各种要素相互联结的系列，在其中找到了它的理性形式。因此，享用快感是为了让快感脱离夫妻关系和赋予快感以其他目的，这实际上就损害到了人的本质。肮脏并不在性行为之中，而是在"放荡"之中，后者把性行为与婚姻分离开来，而性行为本来在婚姻中是有着自己自然的方式和理性的目的的。由此看来，婚姻是人进行性交和享用性快感的唯一合法的范围。

2. 从性关系和性快感本质上属于合法婚姻这一点出发，我们可以明白对通奸新的质疑和一种双重性忠诚的大致轮廓。

大家知道，通奸是被当作一个男人对待他所拐骗的妻子

---

① 亚历山大的克莱芒：《教育者》，II，10。

的丈夫的不义而受到法律上的制裁和道德上的谴责。构成通奸的唯一事实就是在婚外性关系中，女方是已婚的。从男人的角度来看，婚姻状态是不必介入的；这就是说诱骗和损失是两个男人之间的事，一个男人占有了这个女人，另一个男人对她具有合法的权利。① 这种认为通奸只是对丈夫权利的损害的界定是相当流行的，我们甚至可以在与埃比克泰德的道德一样严格的道德中找到它。② 在一次有关"人生来是为了忠诚的（pistis）"这一论题的对话中，出现了一位男人——一位文人（philologos），他对现行的通奸罪行惊讶不已，他依据的是阿尔谢达姆斯有关女人共同体的学说。埃比克泰德对他的劝告有两点。首先，男人的通奸行为使他违背了"我们生来是为了忠诚的原则"。不过，埃比克泰德并没有把这一"忠诚"局限在婚姻制度的范围内；而且，他甚至没有把夫妻关系列为它的主要形式之一。他是用一个男人与其周围人、朋友和城邦的关系来规定它的。他认为，通奸之所以是一种错误，原因在于他撕破了男人之间的关系网络，因为在这一网络中，每一个人不仅要尊重其他朋友，而且还要认识自己："若是我们抛弃了我们生来是为了忠诚这一原则，诱骗邻人的妻子，那么我们做了什么呢？难道不是破坏和消灭吗？谁是被消灭的对象呢？正是忠诚的人、有尊严的人和有宗教感的人。这就是全部吗？

① 参见《快感的享用》，第三章。
② 埃比克泰德：《对谈录》，II，4，2—3。

难道我们没有消灭睦邻关系吗？难道我们没有消灭友谊和城邦吗？"[1] 因此，通奸伤害的正是他自己和其他人。

然而，尽管存在这种对通奸的传统界定，但是我们在某些对婚姻生活的反思中发现了一些更加严厉的要求。它们有着一种双重意义，一是倾向于越来越使用一种男女对等的原则，二是确认对夫妻之间个人关系的尊重。人们都知道这些"有益的真理"，但是由于没有充分地重视它们，所以它们实际上并没有影响到人们的行为。对此，塞涅卡提出了一整套友谊的义务和夫妻之间严格对等的忠诚。"你知道友谊的种种义务应该以宗教的方式被遵守，但是你却没有这样做。你知道当自己引诱其他人的妻子时却要自己的妻子保持贞洁的人是不诚实的。你也知道，正如妻子不能有情人一样，你同样不能有情妇。"[2]

穆索尼乌斯对夫妻相互对等忠诚的原则的解释最为详尽。[3] 他在《论快感》的论著中用了很长篇幅说明了他的理由。他指出，唯有婚姻可以构成自然合法的性关系。穆索尼乌斯提出了所谓的"女奴问题"。奴隶原本是允许被当作家庭范围内的性对象，别人是无法禁止一个已婚男人享用奴隶的。但是，穆索尼乌斯却要制止它，即使是这个奴隶尚未成婚也是不行的（这也就意味着奴隶们的家务工作理应得到某种尊重）。为此，穆索尼乌斯着重强调平衡原则，或者是在权利平衡与义务

---

[1]　埃比克泰德：《对谈录》，II，4，2—3。

[2]　塞涅卡：《给鲁西里乌斯的信》，94，26。

[3]　穆索尼乌斯·鲁弗斯：《剩余》，XII，第66页。

优先之间相对复杂的相互作用。另一方面，人们如何才能接受丈夫可以与女奴发生性关系，而不承认妻子也有与她的男奴发生性关系的权利呢？在某方面遭到否认的权利是不能被赋予另一方的。如果穆索尼乌斯认为男人在领导家庭上具有妻子在性关系和性快感方面更多的权利是合法的和自然的，那么他就是要求一种真实的平衡。但是，另一方面，这种权利平衡通过有必要在道德控制中显示男人的优越性才是完全的。如果人们允许丈夫可以与女奴发生性关系，而要求妻子不要与男奴发生性关系，那么这就是认定女人比男人更能控制自己及其欲望。这样，在家庭中应该处于被支配地位的人就比它的领导者更加强大了。在这种斯多葛派的婚姻艺术中，穆索尼乌斯提出了一个十分严格的婚姻模式，它需要一种忠诚：它要求男人和女人都要这样做。当然，它不高兴去禁止一切可能损害其他人权利的事，也不高兴去保护妻子反对各种可能损及其作为家庭女主人和母亲的特权地位的威胁。它只是揭示了夫妻关系是一个在快感享用方面保持责任完全平衡的系统。

穆索尼乌斯的这种把性实践完全夫妻化和把性快感局限在婚姻中的严格独占原则无疑是个例外：其中，婚姻生活的艺术似乎是围绕着有关一种双重禁止的法律形式原则形成的。但是，在那些避免制定这种僵硬规则的作者那里，我们也可以看到一种对忠诚性的要求，对行为方式和做事方式的要求稍微不同。这些作者并不强调一种明确的禁止，而是小心地保护夫妻关系及其可能允许的夫妻之间的个人关系、爱恋、感情和个人尊严。这种忠诚性不是由法律来界定的，而是由与妻子的特殊关系、生存方式和行为方式界定的。尽可能完全地放弃婚外关系，对于丈夫来说，必须是寻求优雅的结果；它必须是一种既巧妙又有感情的行为的结果；然而，人们又微妙地要求女人宽容，她应该有所让步，不这样做就是轻率的。

有一本很晚才出现的拉丁文著作，长期以来被认为是亚 232里士多德的伪篇《家政学》的拉丁译本，它在有关妻子尊严的传统观点上又提出了有关节制和妥协的看法。一方面，作者规定丈夫要尽全力关心将要成为自己孩子的母亲的妻子；他还规定丈夫不要剥夺自己妻子应得的荣誉。[1] 但是，他同样要求夫妻双方不要贬低和欺骗对方。他劝告男人"要真诚地、有所节制地亲近和尊重妻子"(cum honestate, et cum multa modestia et timore)。他希望丈夫"既不要粗心大意，也 233不要太严厉"(nec neglegens nec severus)： "这些感情只适合妓女与她的情人之间的关系。"与此相反，一个好丈夫必须有节制地关注妻子，而妻子则以礼相待，"双方同样"表现出爱意和关心。[2] 在强调这种忠诚的价值时，本书的作者明确要求女人应该对自己丈夫的错误有一种相对妥协的态度；"她还要忘了自己的丈夫在神志不清的状态下可能对自己犯下的错误"(si quid viv animae passione ad ipsam

---

① 亚里士多德的伪篇：《家政学》，III，2。

② 亚里士多德的伪篇：《家政学》，III，3。

peccaverit);"她不要抱怨和记恨他所做的一切,而要把这一切归因于疾病、幼稚或意外的错误。"反过来,丈夫要准备好在痊愈之后向她表示感激。①

同样,《夫妻戒律》也提出了相互忠诚的原则。然而它并没有把这一原则说成是一种形式上严格对称的要求。如果这本书认为妻子应该对丈夫忠诚,那么它是说寻找其他快感对于丈夫来说是一种常犯的错误,但是却是一种轻微的错误。不过,问题必须在婚姻关系的内部、依据夫妻双方的爱情关系(而不是权利和特权)来解决。普鲁塔克要求丈夫不要与其他女人发生性关系:这不仅是因为它威胁到合法妻子的地位,而且是因为它是一个创伤——一个自然的和让人痛苦的伤口。他提醒大家注意猫的情况,一种香水的气味会激怒它;同样,当丈夫与其他女人发生性关系时,妻子们也会被激怒。因此,不值得为了一种"微不足道的"快感而让她们无限悲伤。他建议丈夫与妻子一道以养蜂者为榜样,若是与女人们发生了性关系,他就不接近他的蜜蜂。② 但是,普鲁塔克又反过来建议妻子们要表现出某种宽容大度;最好有点像波斯诸王的妻子们,她们随同丈夫们赴宴,当人们借酒醉之机召来音乐家和妓女时,她们会视而不见,回到自己的家里。她们的解释是,如果她们的丈夫和妓女或女佣寻欢作乐,那么这是尊重她们,因为他不想让她

234

----

① 亚里士多德的伪篇:《家政学》,III, 1。
② 普鲁塔克:《夫妻戒律》,44, 144c—d。

们一道分享他的放荡、荒淫和过度。① 因此，婚姻作为爱情纽带和尊重关系，远远超越了作为一种法定的结构，它包括了一切性活动，谴责一切婚外的性行为。如果它想要求伴侣双方保持一种对等的忠诚，那么它还成了交易场所，其中，丈夫对妻子的爱恋与妻子对丈夫的礼节相互结合在一起：丈夫的外遇不再是其法定优越性的公认的后果，而是男人最好应该有所限制的一个弱点，如果妻子作出让步宽容它，那就更好了，这既是捍卫自己的荣誉，也是证明自己的爱情。

---

① 普鲁塔克：《夫妻戒律》，50，140b。

三
婚姻的快感

　　把婚姻界定为快感享用的排他性的关系，这导致了一系列有关在男女之间感情的或法定的关系游戏中的各种快感行为的整合、作用、形式和目的的问题。

　　事实上，我们应该承认，即使在那些认为婚姻地位重要的思想中，对于婚姻关系中的快感节制，仍然有着极大的保留。在某些人所教授的这种严格道德中，婚姻要求垄断快感。但是，没人说过哪些快感是可以的，哪些快感是被排斥的。

　　不过，有两种非常普遍的原则经常被人提起。一方面，人们强调配偶关系不应该不同于性爱，不应该不同于某些哲学家保留给男童的这种爱情；但是，它也不应该忽视或排除性快感。穆索尼乌斯在一本认为婚姻远不是障碍而是哲学家的义务的著作中，强调婚姻的伟大和价值。他还提到三位监督婚姻的大神：一是赫拉，"我们向她说话就像向婚姻的保护神说话一样"，二是阿芙罗狄特，因为她是主管"丈夫与妻子性交"（Aphrodision ergon）的神，三是爱洛斯（人沉湎于此是否比"专注于男女的合法结合"更好呢？）。总之，这三种力量的作用就是"让夫妻双方为了生儿育女而结合"。① 同样地，普鲁塔克也肯定了阿芙罗狄特和爱洛斯在配偶关系的构成中的作用。②

与婚姻中存在的爱的激情和肉体快感相对应，另一个原则也发挥了作用，它与第一个相反，但也是非常普遍的：这就是，不应该把自己的妻子当作情妇来对待，在婚姻中应该像一个丈夫，而不是情人。③ 大家都懂得，体面婚姻的古老原则之所以具有极高的价值，就是因为婚姻是享用性快感的唯一合法的方式。这样，阿芙罗狄特和爱洛斯必须出现在婚姻中，而且只在婚姻中出现。但是，另一方面，配偶关系应该不同于情人之间的关系。这一原则有好几种形式。一是以谨慎忠告的形式出现，这无疑是传统的：要是给妻子非常强烈的快感，那么他就会有让她误用快感的危险，从而后悔教会她这一切。④ 二是以向夫妻提出建议的方式出现：他们应该找出一条介于过分严厉和近乎放荡之间的中间道路，而且，丈夫要不断地提醒自己，人无法"与同一个既是妻子又是情妇的女人发生关系（hos gamete kai hos hetaira）"。⑤ 三是以一种普遍的

237

---

① 穆索尼乌斯·鲁弗斯：《残篇》（亨斯编辑），XIV。
② 普鲁塔克：《爱情对话》，759e—f。
③ 塞涅卡：《残篇》（亨斯编辑），85。
④ 普鲁塔克：《夫妻戒律》，47，144f—145a；还参见17，140c。
⑤ 普鲁塔克：《夫妻戒律》，29，142a—c。

论题出现：要是过于热心地与妻子发生性关系，那么这就是把妻子当作情妇来对待。[①] 这一论题是重要的，因为它在基督教传统中也有。不过，它很早就出现过（亚历山大的克莱芒在《基质》中提到过它 [②]），而且延续了很长时间（萨勒斯的弗朗斯瓦在《虔诚生活导论》中进一步阐述了它的意义 [③]）。不过，要理解斯多葛派对它的解释，那么必须记住，对于他们来说，婚姻的自然的和理性的原则其目的就是要把两个人的生活结合起来，让他们养育后代，有利于城邦和为整个人类造福。与此相反，首先就追求快感享受，这就是违反法律，颠覆秩序和背叛必须把男女结合成夫妻的原则。

但是，具体说来，问题在于在婚姻关系中快感的享用应该具有什么地位和方式，他们自我约束的戒律所能依据的是什么原则。既然婚姻要求一种同时既是受到高度推崇的个人关系又是发生性关系的专属场所的夫妻关系，并且允许男人在他的婚姻范围内具有相当的自由，那么这一婚姻结构现在又怎样发挥它的调节原则的作用呢？若是婚姻应该同时既是最牢固的个人关系又是合法快感的唯一场所，那么在婚姻中需要什么节制呢？对此，各种各样的解释却相当模糊，很少像归在亚里士多德名下的《家政学》第三卷拉丁文本中的阐述那样明确。该书作者要求丈夫亲近他的妻子时要"以诚恳的方式"

---

① 塞涅卡：《残篇》，85。

② 亚历山大的克莱芒：《基质》，II，143，1。

③ 萨勒斯的弗朗斯瓦：《虔诚生活导论》，III，39。

(cum honestate)、"保持许多节制和尊严"(cum multa modestia et timore)，规定他要"用让他举止合乎礼法的良好教养的男人语言"对妻子说话，建议他要"用审慎和优雅的方式"(verecundia et pudore)对待妻子。①

确切地说，婚姻内在的节制得到了公认的自然和理性的两大目的的证实。第一个目的当然是生育。塞涅卡强调指出（但是，我们还看到有些医生也提到这一点），快感的目的在于自然所安排的生育行为。若是人们被赋予了爱的欲望，那么这不是让他们去享受快乐，而是让他们去繁衍人类（non voluptatis cause, sed propagandi generis）。② 从这个一般原则中，穆索尼乌斯得出结论，性关系只有以生育为目的，才能合法地进行。至于那些只以快感为目的的性关系，"即使发生在婚姻范围内，它们也是不义的和违法的"。③ 新毕达哥拉斯学派也有这一准则，它似乎是用来证实一些传统的禁忌：包括禁止在月经期间发生性关系（医生们认为，这有着带走精液的危险），禁止在怀孕期间发生性关系（这不仅是因为这时的性交毫无益处，而且是因为它们可能会损害胚胎的发育）。然而，在这些一般的忠告之外，尽管原则相同，但是并没有我们在基督教有关绝育时或更年期后的性关系的合法性与夫妻双方性交之前或之中可能产生的各种意念的教士守则中所见到的那

---

① 亚里士多德的伪篇：《家政学》，III，3。
② 塞涅卡：《慰问埃尔维亚》，13，4。
③ 穆索尼乌斯·鲁弗斯：《剩余》，XII，第64页。

种质疑。把排除快感作为目的，这在最严格的道德家们那里只是一种要求，但是，这种要求最多只是一种原则立场，而不是一种用来规范行为和明文规定正当行为或不正当行为的方案。

婚姻的第二个重大的目的——安排一种共同分享的生活——构成了要求节制配偶关系的另一个原则。比起生育的目的，这一原则并不过于要求明确划分正当的方式与不正当的方式。但是，某些作者——首先是普鲁塔克——在快感关系与配偶关系的连接上发挥了一种更加微妙的和更加复杂的作用。这就是，一方面，把妻子当作一位灵魂伴侣的责任要求尊重她，不仅尊重她的地位，而且要尊重她的人格。因此，快感养生法必须在此找出一种内在限制的原则。但是，另一方面，若是婚姻生活必须以建立一个完美的共同体——一种真正的"生存交融"——为目的，那么共同分享的性关系和快感就构成了配偶双方接近的一个要素。建立和强化一种稳固的联系在快感的享用中不仅是一种保证，而且是支持快感的享用的一个要素。由此出发，对各种性快感的推崇（只要它们是在婚姻关系之内发生的）是与对他们的行为的节制忠告（让他们可以在配偶结合中发挥这一积极的作用）紧密相关的。

必要节制和理想强度的这一螺旋形过程清楚地见之于《夫妻戒律》中。它构成了这本书的一条红线。这本书继承了有关不仅在生育活动中而且在诸如接吻和抚摸的简单的快感举止中应该保持的羞耻感和秘诀的某些著名的旧原则；① 它还通过转换希罗多德的一句名言，提醒大家注意，妻子的羞耻感不应该随着她脱去裙子而消失，② 黑暗也无法掩饰任何放肆行为。普鲁塔克援引了一位想通过让菲利浦明白所有的女人在熄灯之后都是用一样的方式来避开他的女人。与此同时，他指出妻子不必像其他人那样生活；但是，即使有黑夜掩饰，没人能够看见她的肉体，她也应该表现出她的美德来（to sophron autes）。然而，她的美德就是让她只爱丈夫和以他为目的："她的忠实和她的爱情。"③

围绕着这一有关周到的节制和爱情专一的羞耻感的原则，普鲁塔克阐述了一些既排除过于苛刻的节制又不要太随便的忠告，它们针对的不仅是男人，也包括女人。毫无疑问，像他引以为榜样的年轻的女人斯巴尔蒂亚特一样，一位好的妻子不应该主动向她的丈夫示好，④ 但是，她也不应该被他的示好所烦扰。第一种态度有点像奉承者一样厚颜无耻，但是在第二种态度中则有一种不友善的傲慢。⑤ 这里，这些规定各自开始的方式和交流的符号的准则已经有了非常朦胧的草案，后来基督教的教士守则非常重视它。普鲁塔克则十分重视那些可能在家庭

---

① 普鲁塔克：《夫妻戒律》，13，139a。
② 普鲁塔克：《夫妻戒律》，10，139c。
③ 普鲁塔克：《夫妻戒律》，46，144e—f。
④ 也参见普鲁塔克的《女人的德性》，242b。
⑤ 普鲁塔克：《夫妻戒律》，18，140c。

最初的性关系中破坏以后的良好默契以及由此形成的稳固的关系的危险。他提到了年轻妻子可能感受到邪恶经验的危险。他劝告人们不要就此止步，因为婚姻的好处可能以后才出现，因而不要像那些一旦被蜜蜂咬过后就不再采蜜的人一样。① 但是，他还担心在结婚伊始就体验到一种太强烈的身体快感，一旦这种快感不再出现，爱情就有消失的危险。最好是，爱情从夫妻双方的性格和他们精神的契合上获得生命力。② 而且，在整个婚姻生活过程中，在发挥夫妻性关系中一切有利于夫妻爱情的东西方面不要迟疑。对于这种再激活感情的作用——《爱情对话》中一位对话者明确地提到这一点，③ 《夫妻戒律》给出了两个例证：一是要避免可能发生在卧室中的各种争吵，因为"床上所发生的争执和指责是难以在其他地方平息的"。④ 二是当人们习惯于同床共眠时，不要因为争吵就分开来就寝。相反，这正是引入阿芙罗狄特的时刻，"她是对付这类坏事的最好的医生"。⑤

这一论题在普鲁塔克那里占有相对重要的地位。它见之于《爱情对话》之中，其中他利用了女人之爱与男童之爱之间的本质差异，对于前者来说，快感和一种精神关系中的积

---

① 普鲁塔克：《夫妻戒律》，2，138d—e。
② 普鲁塔克：《夫妻戒律》，2，138f。
③ 参见《爱情对话》：第六章。
④ 普鲁塔克：《夫妻戒律》，39，143e。
⑤ 普鲁塔克：《夫妻戒律》，38，143d。

极作用是相融的，对于后者来说，身体快感（人们认为它不是相互的）无法作为爱情关系中的有利因素。这一论题同样出现在《七位贤人的会饮》中。其中，性快感与其他两种身体快感的关系被提出，这两种相关的快感是醉酒和音乐。对话者姆内斯费勒指出，在所有艺术或实践中，作品不是在于使用各种工具或材料，而是在于人们想做的事情。建筑师的"任务"（ergon）不在于他所搅拌的砂浆，而是他要建造的教堂。缪斯们在弹奏里拉或吹奏长笛时，目的只在于"道德教化和缓和激情"。① 狄奥尼索斯的使命不只是畅饮令人陶醉的酒，同样，阿芙罗狄特的任务（ergon Aphrodites）也不是在于肉体的简单交合（sunousia, meiXis），它在于爱情（philophrosune）、需要（pothos）、关系（homila）和性交（sunetheia）之中。在夫妻生活中，性关系应该作为形成和发展对称的和可逆的爱情关系的工具。普鲁塔克指出："阿芙罗狄特是在男女之间建立默契和爱情的艺术家（homophrosunes kai philias demiourgos），因为通过他们的身体和快感的影响，它同时把各种灵魂联系建立起来。"②

---

① 普鲁塔克：《七位贤人的会饮》，156c。

② 普鲁塔克：《七位贤人的会饮》，156d。在《普鲁塔克和斯多葛主义》（第109页）中，巴布指出，安蒂帕特、穆索尼乌斯和希耶罗克勒"都对婚姻而不是对爱情感兴趣。他们的目标是要确定婚姻不妨碍过一种哲学生活。最后，在他们之中，我们找不到一种重要的爱情观念，也即女人和男人一样能够激发起爱的激情来"。

这些忠告可能看来相当陈旧。它们在一个漫长历史的起始阶段就出现了，这一历史就是在一般的节制劝告和通过性快感来交流感情的复杂教化的双重性之下明文规范夫妻之间道德关系的历史。

*

"独占性的"原则涉及的不是婚外性关系。"非享乐性"的要求是：夫妻之间的性交不服从一种快感的结构。生育的目的化是指，夫妻是以生育为目的的。这就是罗马帝国早期的某些道德家发展出来的夫妻生存伦理的三大基本特征，后来又得到了晚期斯多葛学派的大力阐发。但是这些并不是夫妻生存伦理本身的特征：我们可以在柏拉图给他的理想国公民们制定的准则中找出一些相似的要求；我们还可以在随后教会关于基督教和睦家庭的要求中找出这些相似的要求。这三个原则的意义远远超过了作为一种对斯多葛学派的节制性的革新和一种适合于这个时代道德的规划，它们在数世纪之中不断地标示出人们让性节制在婚姻中起着中心作用。

但是，这三种原则的恒常性不应让人相信一种纯粹的和简单的同一性。罗马帝国时期的一种多少带有斯多葛学派色彩的伦理不满足于在从柏拉图主义的乌托邦到基督教的过渡中传递

旨在生育和厌恶快感的"独占"婚姻的规范。它给这种规范带来了某些特殊的变化，恢复了自我的教化在发展过程中所采用

的各种形式。

首先，我们应该注意到，在柏拉图那里，把一切性快感都纳入婚姻结构之中的要求，其正当性的根据在于向城邦提供它得以延续和保存自己力量的儿童。基督教的情况则相反，性关系必须与婚姻联结在一起的根据在于，前者本身就带有原罪、堕落和恶的标志，只有婚姻可以赋予它以合法性，人们必须根据这种合法性来追问它是否完全判定性关系无罪。然而，在穆索尼乌斯、塞涅卡、普鲁塔克或希耶罗克勒那里，即使有利益考虑，即使对性快感的亢奋非常反感，但是，他们不是通过强调婚姻的政治的和社会的目标的第一性而建立起婚姻与性快感之间关系的，也不是通过假设一种内在于快感的原罪把两者联结起来的，而是通过一种自然、理性和本质的不同归属把两者联结起来的。鉴于这些不同的立场和学说，我们认为，人们根据这种伦理形式为婚姻要求的性独占不是出于婚姻"外在的"有用性或快感"内在的"否定性，而是出于一种协调某些关系的企图：两位性伴侣的交配、夫妻的双边关系、家庭的社会作用及其与自我关系的完全一致。

这里，我们触及了另一种重要的差异。对于柏拉图的辩护士、伊索克拉底的首领和亚里士多德的公民来说，在婚姻范围内享用快感的要求还是一种控制自我的方式，一种通过自己的地位或在城邦中应该行使的权威对自我的必要控制。根据基督教的教士守则，完善的夫妻忠诚的原则对于那些一心想获得拯救的人来说是一种无条件的义务。相反，在斯多葛主义提出的伦理中，为了满足自我关系的自身要求，为了不伤害人的本性和本质，为了崇尚作为理性的自我，人们最好在婚姻内享用性快感，让性快感符合婚姻的目的。无疑，这一对男人来说旨在排除婚外性关系和只允许出于特定目的的婚外性关系的原则，成了对夫妻关系和性实践进行"司法化"的基点之一。与女人的性活动一样，已婚男人的性活动至少在原则上有遭到法律惩罚的危险；在婚姻中，可以或禁止做什么、想要什么或思考什么，都有着明确的规定。但是这种司法化——随后就变得显而易见了——与基督教的教士守则及其结构联结在一起。然而，甚至是在有关夫妻生活最详细的文本中，如在普鲁塔克的文本中，这不是一种用来划分允许的和禁止的快感的条例，而是一种生存方式，一种关系风格；婚姻的道德和对夫妻生活的建议同时既是有普遍价值的原则，也是针对那些想有一种崇高的和美好的生存的人的准则。这是只有某些人才实行的一种生存美学的非法律的普遍性。

性活动的配偶化的目的是把合法性只限定在婚姻之中，从结果来看，它有着明显的限制（至少对男人来说是如此，因为长期以来它是对已婚女人的要求）。而且，把对这些快感的享用和享乐的目的性区分开来的要求旨在从内部贬低性活动本身。但是，我们必须明白，这些限制和贬低还伴随着另一个步骤：强化婚姻内部的性关系的意义与价值。一方面，因为配偶之间的性关系不再简单地是权力的结果和表现，它们在爱情、倾慕和互惠的关系网中占有一席之地。另一方面，如果作为目的的快感必须被清除，那么至少在这一伦理的某些最巧妙的解释中，它应该被当作夫妻之间情感表达的要素（既是工具又是保证）。

正是在这种对夫妻关系中性快感的价值的强化的意义上，以及根据人们赋予它在夫妻交流中的作用，大家开始带着愈来愈怀疑的目光质疑男童之爱曾经有过的各种特权。

第六章

男童们

比起古典时代里的强势表现，关于男童之爱的反思在公元初几个世纪里即使没有丧失它的现实性，至少是在强度、严格性和活力方面式微了。在它出现的地方，它显出一种易于重复的样子：通过玩弄各种古代的主题——尤其是柏拉图学派的，它总是不厌其烦地参与复活古代的文化。甚至当哲学力图重新恢复苏格拉底旧日的威望时，男童之爱以及它提出的各种问题也没有成为反思的活跃中心：马克西默·德·蒂尔关于苏格拉底之爱的四次讲话无法提供一种相反的论据。

但是，这并不意味着男童之爱的实践已经消失，或者成为一种不名誉的对象。所有的文献都表明了它仍然流行着，总是被视为一种自然的事情。发生变化的，并不是对男童们的趣味，也不是人们对那些有这种癖好的人的价值判断，而是人们提问它的方式。因而，不是这种事情过时了，而是问题过时了。人们对它的兴趣减退了。人们认为它在哲学和道德的争论中不再重要了。这种"非质疑化"无疑有一些原因。其中一些涉及罗马文化的影响。当然，这不是说罗马人比起希腊人对这种快感更加冷漠。但是，关于作为快感对象的男童的棘手问题在罗马人的制度范围内被提了出来，比起在希腊城邦时期的问题更少尖锐性。一方面，出身良好的儿童受到家庭法和公法的"保护"；家庭的父亲们要求人们尊重他们对自己孩子行使的权力；鲍斯维尔指出过，著名的斯堪蒂尼亚法（Loi Scantinia）不禁止同性恋，而是反对青少年自由地放荡和使用暴力。① 另一方面，从结果来看，男童之爱是与年轻的奴隶发生的，当事人根本不必担心社会地位："在罗马，出身自由的美少年被奴隶取代了"，这是 P. 维尼说的。② 甚至是在希腊化和受过哲学熏陶之后，显然罗马的诗人们喜欢歌颂青少年，但是罗马根本没有对希腊人对男童之爱的伟大思想作出任何反应。

再者，根据教育的成效，教学实践的形式及其制度化的模式，也使得在教育成效方面评估与青少年的关系变得十分困难。当昆体良（Quintilien）提到男童必须被托付给修辞学老师时，他坚持确保后者"道德"的必要性。"因为，当儿童们经过这些老师的调教成为年轻人时，他们差不多被塑造好了，但是他们仍然要听老师的话。而且，年龄尚小的他们还要在老师纯洁的人格中找到防止一切侵犯的东西，通过学习老师的庄重举止来摆脱自己行为的放荡，对此，人们必须保持最大的警觉。"因此，老师必须"表现出学生们眼中父亲的情感，他必须把自己看成是把孩子托付给他的人的代表。"③ 一般地说，"友爱"（philia）的人际关系的重要性日渐式微了，而且对婚姻和夫妻之间的感情联系的强调无疑使得男人之间的爱情关系不再是一种理论和道德的激烈讨论的目标。

不过，还有三种重要的文本：普鲁塔克关于爱情的对话、

---

① J. 鲍斯维尔：《基督教、社会宽容和同性恋》，第 61 页及次页。
② P. 维尼：《罗马的爱情》，载《历史》，1981 年 1 月，第 77 页。
③ 昆体良：《演说法》，II，2。

很久之后出现的归在吕西安名下的对话和马克西默·德·蒂尔关于苏格拉底之爱的四篇论述。我们可以把这最后一种文本放在一边：这不是因为其修辞的和艺术化的特征——吕西安的伪篇《爱情》也是如此，相反，在学术活动中重新激活各种古代的主题是一种时代的特征。但是，马克西默·德·蒂尔的文本本质上——这是它的传统性——是为了区分和比较男性关系中的两种爱情：一种是美的和公正的爱情，另一种则不是。① 马克西默·德·蒂尔根据柏拉图学派的传统把这种区分与真实的爱情和伪装的爱情的区分一一对应起来。由此出发，他发展了对这两种爱情的系统的和传统的比较。根据它们各自的性质：一个包含德性、友谊、羞耻、真诚和可靠，另一个则包含过激、仇恨、无耻和不忠。根据规定它们的存在方式：一个是希腊的和有男子气概的，另一个则是娘娘腔的和野蛮的。最后，根据它们表现自己的行为：一个关心被爱的人，陪伴他去做体操，去打猎和上战场，为了他可以献出生命；此外，它不是在黑夜和孤独中追求它的伴侣。另一个则相反，它躲避太阳，在黑夜和孤独中追求爱人，并且与爱人一起避免被人看见。②

普鲁塔克的对话和伪吕西安的有关爱情的对话则又大不相同。它的性爱论也是二元的和比较的：它的目的总是区分两种

---

① 马克西默·德·蒂尔：《论文》，24，1；25，1。
② 马克西默·德·蒂尔：《论文》，25，2—4。

爱情形式，比较它们的价值。但是，这种比较非但没有在以男性爱情为中心的性爱中呈现出两种在道德上不平等的形式，反而从两种自然区分开来的关系形式出发：与男童的关系和与女人的关系（确切地说，人们在婚姻范围内与合法配偶的可能关系）。对于这两种不同的形式，人们提出了价值的、审美的和道德优越的问题。这样，就产生了这些极大地改变了性爱论问题的不同结果：对女人的爱、尤其是婚姻理所当然地成了性爱领域及其质疑的一部分；这种性爱质疑依赖于同性恋和异性恋之间的自然对立；最后，对爱情的伦理强调无法消除肉体的快感。

这就是悖论：正是围绕着这一快感问题，古代希腊关于鸡奸的思考才发展了起来；同样是围绕着这一问题，这一思考又逐渐沉寂下去。婚姻，作为易于整合各种快感关系并赋予它们一种正面价值的个人纽带，将是确定一种道德生活的风格化的最活跃的中心。男童之爱因此并没有成为一种遭谴责的形象。它在诗歌和艺术中仍有自我表现的方式。但是，哲学对它的思考"愈来愈少"。当人们质询它时，人们不再在它身上寻找各种至高无上的爱情形式，而是反对它，认为它底气不足，无法为快感关系挪出地盘来。反思这一爱情形式与"快感"的享用之间关系的困难长久以来一直是哲学对它过高评价的原因。现在，这一困难成了在男童之爱身上看出一种趣味、一种习惯和一种癖好的原因，这些趣味可以有自己的传统，但是无法规定一种生活风格，一种行为美学和一种与自我、他人和真理的关系的样式。

普鲁塔克的对话和伪吕西安的对话既证明了男童之爱的这种合法性，也证明了它作为一种生存风格论的活生生的主题日渐衰落。

一

普鲁塔克

257 　　普鲁塔克的《爱情对话》的开篇和结尾都是以婚姻为标志的。在婚礼后的第二天，普鲁塔克携妻到泰斯庇（Thespie）朝圣：他们想向神献祭，要求神支持他们的结合，避免他们两家的不和给这一结合带来任何不祥的征兆。他们发现自己正处于主人家的一场小小的骚乱中：年轻的巴雄（Bacchon）是大家倾慕的美少年，他是否应该与他追求的女人结婚呢？争论、变故，然后是诱拐。最后，当大家准备伴随这两位新人，向仁慈的神献祭时，对话结束了。对话从婚姻转向了其他话题。①

　　它还谈到爱洛斯。在泰斯庇，人们每隔四年庆祝一次"爱

---

① H.马丁在《普鲁塔克的伦理著作和早期基督教文学》（H.D.贝兹编辑）中指出，对话没有清楚地区分异性恋和婚姻。L.郭思勒在研究《爱情对话》和《夫妻戒律》时，坚持认为普鲁塔克指出了婚姻和性爱的联系，以及他对传统婚姻问题的重新讨论。

洛斯节"(Erotidia)，向"爱神和缪斯们"致敬。普鲁塔克一再要求这位神保佑他的婚姻。人们祈求这位神保佑巴雄和伊斯梅诺多尔的受人争议的婚姻，因为他"心地善良，赞同和促成正要实现的东西"。① 其间，普鲁塔克利用闲暇唱了一大段对爱洛斯的神性、古老、权力、善行和他提升、吸引各种灵魂的力量的颂歌。因此，就在所有城市庆祝爱洛斯节的时候，他向这位神献祭。爱洛斯和伽莫斯、他们相互关系中的爱情力量和婚姻联系：这就是对话的主题。作为对话背景的宗教仪式的目的是清楚的：爱洛斯的力量被人祈求来保佑婚姻，它战胜了家庭的不和，减轻了朋友之间的争执，保证婚姻生活幸福。争论的理论目标就是与这一虔诚的实践相一致，它把这一实践奠定在理性的基础之上：揭示夫妻关系比其他关系更能接纳爱情的力量，以及在人类中，爱情的力量在夫妻关系中有着优越的地位。

对话的借口和引起它后续发展的外部变化都是以亦庄亦谐的方式来叙述的：这是一个"动人心弦的"事件，有着"十足的戏剧效果"。如果要再现它，还必须有"一个合唱团"和"一个舞台"。② 事实上，它是一段喜剧插曲。巴雄是一位值得追求的少年，既英俊又品德高尚，他被一个叫庇西亚斯的爱慕者所追求，而且还被一个比他大很多的寡妇追求。她一直要

---

① 普鲁塔克：《爱情对话》，771e。
② 普鲁塔克：《爱情对话》，749a。

给他找一个合适的妻子，但是她没有找到一个比自己更好的人。她试图说服他、追求他、诱骗他，并且当着情人的面准备好了婚礼，然后他勃然大怒，掉头离去。对话开始的时候，大家已经知道了这个令人生畏的寡妇的图谋；但是她尚未发威。因此，那个男童还处在两个追求者之间：他不知道选择谁。当他让他的长辈来决定时，他们开始商议。因此，讨论是在两个拥护男童之爱的人（普罗托热尼、庇西亚斯）和两个赞同女性之爱的人（安泰米翁、达芙内）之间进行的，并且当着普鲁塔克的面。不过，普鲁塔克很快就放弃了证人的角色，控制了争论，把它引向了普遍的爱情理论：于是，这两种爱情的最早的捍卫者消失了，代之而起的是两个对话者和对手——旁普蒂泰和宙克斯普，他们提出了一个唯物主义的爱情观和对婚姻的咄咄逼人的批评，普鲁塔克将不得不作出回应。

在此，我们接触到了这次对话的显著特征之一。

它是从传统图式——神话的说法或道德决疑论——十字路口出发的：面前有两条路，选择哪一条呢？是选择爱男童，还是选择爱女人呢？然而，这次争论实际上没有确切地提出这个问题：在柏拉图学派的文本中，男性的和高贵的性爱是与轻易得手的、多样的和肉体的"滥交"性爱（这显然是指人可能与男童、少女发生婚外关系的性爱）相对立的，而普鲁塔克则是在男童之爱和实现与女人关系的婚姻之间进行选择。

在普鲁塔克的对话中，另一个特殊的要素是追求男童的女人。她的所有特征都是有意义的。她比男童年长很多，但看上

260

去很年轻；她比他富裕，社会地位也高；她还有生活阅历。①
这种情况在希腊并不令人奇怪，这既是因为女人稀少，也是婚姻策略的要求。但是，人们对于这种联姻还是有所保留的。丈夫比妻子年轻、贫穷，这种情况有点令人尴尬。因为丈夫要优秀是婚姻关系中的定势。而且，在有关夫妻生活的文本中，我们还看到了对这些尴尬的各种评论。普鲁塔克在《梭伦的生平》中，建议一个发现年轻男人"像一只公山鹑向一只母山鹑献媚一样"向一个老妇人大献殷勤的官员，让他到一个想嫁出去的少女家里串门。② 而且，庇西亚斯也没忘了提醒支持巴雄婚事的人们注意这些常见的担忧。③ 毫无例外，这完全是一种矛盾的和危险的联姻，一方太看重利益，另一方则表现出太多的色欲，无法过上一种既明智又幸福的生活。因此，巴雄认为自己被建议的——反对男童之爱——，不是最好的婚事，而是最不好的婚事。旨在证明婚姻并让它获胜的讨论及其结论的价值只会因这一事实而增加。

但是，还必须再提一下另一种矛盾的特征。伊斯梅诺多尔这个热情的寡妇是一个各方面都不错的女人。她有德性，会"安排生活"，口碑好，从没有人"说她的坏话"，也从没有"不名誉的行为的怀疑伤害到她的家庭"。④ 然而，她却不

---

① 普鲁塔克：《爱情对话》，754c。
② 普鲁塔克：《梭伦的生平》，20，8。
③ 普鲁塔克：《爱情对话》，752e—f。
④ 普鲁塔克：《爱情对话》，749d 和 755d—e。

顾羞耻地追求男童。人们把这个男童托付给她，是因为她能够促成他的婚事。但是，听到别人说他有这么多优点，她看到他的英俊和才能，看到他被这么多高尚的情人所追求，她于是爱上了他。她追逐他，因为不能陪他去练体操，她就一直等他回来；并且与几个朋友串通起来"诱骗他"。我们知道，这些"诱骗"——部分是真实的，部分是被修改过的——如果不是现实中常见的要素，那么至少是鸡奸文学中常见的要素。许多神话叙述和历史故事都是以这些冲动插曲之一为主题的。归在普鲁塔克名下的《爱情故事》、专谈苏格拉底式爱情的马克西姆·德·蒂尔的《讲演集》都参考了它。[①] 如果一个也有伊斯梅诺多尔那么多才能的人热衷于追逐这种爱情，那么她是受到了"一种比人的理性还要强大的神圣冲动"的影响。否则，所有这些特征（年龄的差异、公认的优点、对爱人的道德品质和美誉的兴趣、追求的动机、神圣召唤的冲动）都易于被看出：这些都是传统鸡奸模式中男童的情人的特征。伊斯梅诺多尔在普鲁塔克的描述中恰好是处在求爱者的位置上。因而，巴雄实际上不是在两种非常不同的爱情形式间作选择—— 一种很有才能的年轻男子与对其英俊感兴趣的老男人之间的爱情，另一种是为了管理家业和养育后代的夫妻之间的爱情，而是在同一种爱情的两种形式之间选择，它们之间的唯一差别是，一个是对男人的爱，另一个是对女人的爱。这涉及同一类型的关系，普

---

① 普鲁塔克：《爱情故事》，2，772e；3，773f。

鲁塔克在支持与伊斯梅诺多尔的婚姻的一段发言中，非常清楚地指出了这一点。他说，没有人可以忽略权威，也无法独善其身。"漂亮男孩听从体操学校校长的话，青少年听从求爱者，成年人遵守法律和策略……因此，一个很有主见的半老徐娘通过表现出她的阅历优势（toi phronein mall on）和她的感情（toi philein）与温柔的愉悦来管理年轻丈夫的生活，这难道是丑闻吗？"①

由此可见，普鲁塔克的对话是以两种运动为基础的。一方面是讨论本身的转变。爱人应该在他的两个情人之间选择的问题悄悄地变成了自身有着两种形式——爱男童或爱姑娘——的爱情问题。另一方面是矛盾情节所允许的转移，它给予与女人的关系的伦理潜在性和与男人的关系一样。在支撑对话事件的剧本小技巧中，整个争论的目标很明确：形成一种单一爱情的概念。这一概念并不摒弃男童之爱的各种价值，相反，它把它们都整合到一种更大、更全的形式之中，以致最后唯有与女人的关系（确切地说，是与妻子的关系）才能享有爱情。

由此，我们将会在普鲁塔克的这一对话中，看到许多修辞竞赛，它们让女性之爱和男童之爱相互对垒，决出胜者。这样看来，这篇对话可以被看成是支持夫妻感情和快感的最热情的辩护词之一。同样，也可以把它归到斯多葛派的婚姻论著之列，它与它们在主题和阐述方面有着共同之处。但是，在这

_____

① 普鲁塔克：《爱情对话》，754d。

篇文本中，除了赞同婚姻、反对鸡奸的论证外，还有另外一种东西。我们从中可以看出古代性爱论的重要变化的轮廓来。这种转变可以简要地概括如下：人们不允许快感实践中出现不连续性、不可逾越的界限和重要的价值差距，但是，性爱论的内容却完全是二元论的。这种二元论是双重的和相当复杂的，因为一方面人们把庸俗爱情（其中性活动是举足轻重的）与高贵的、纯洁的、有教养的、神圣的爱情（其中这些性活动如果不是被取消，那么至少被掩盖了）对立起来；另一方面，人们又突出男童之爱的特殊性，它的期望、形式、目标和结果被认为是不同于其他爱情的（如果我们完全符合它的真正本性）。而且，这两种二元论旨在重叠，因为人们认为对男童的"真正的"爱情只能是一种纯洁的爱情，摆脱了对快感的庸俗追求（它激发了对女人的欲望或对男童的邪念）。于是，一个包括连贯快感的领域和一个二元结构的性爱论在这里开始反转了。普鲁塔克的《对话》可能见证了这一在很久之后才完成的运动，到那时，一种绝对单一的爱情观念才告形成，而快感实践将会受到严格的界定，即把异性性交与同性恋区分开来。这种体制至今仍然是强大的，原因就在于它使用了一种单一的性经验观念，后者可以严格地标出性关系的二态性和欲望的差异结构。

在普鲁塔克的《对话》中，我们看到他努力建立一种单一的性爱论，它完全遵循男女（甚至是夫妻）关系的模式。相对于这种单一的爱情（无论是对女人的爱还是对男童的爱，都属于这种单一的爱情）来说，男童之爱实际上是不名誉的，但是当时并没有因此而制定出严厉的限制，像后来在"同性的"性行为和"异性的"性行为之间划出界线那样。这篇文本的整个目标是以这种单一的性爱论为中心的。后者是通过一种对（"二元论"）的批判性讨论、一种单一理论（爱情理论）的形成以及运用一种基本的概念（愉悦概念、宠爱）来实现的。

1. 对传统的"二元论"的阐释和批评可以迅速地总结。这种二元论显然遭到男童之爱的拥护者们的否定。而且，普罗托热尼和庇西亚斯很快就离开了现场——当人们在讲诱骗巴雄的事时，他们正好在那里，最后一次颂扬不同的性爱论。这种性爱论认为，男童之爱既不同于女人的爱慕，也优于它，这有两个原因：一是涉及它们各自相对于自然的位置，另一个是有关快感在两者之中所扮演的角色。

男童之爱的拥护者们立即就拿出了大家常见的论据，即把女人身上的人工制品（一些女人身上的首饰、香水，还有在最淫荡的女人身上的剃刀、脂粉和过滤器）与人们在体育场所看到的男童们的纯朴自然进行对照。① 但是，他们反对女人之爱的关键论据在于，女人之爱只是一种出于自然的爱情。普罗托热尼指出，自然实际上是把两性相吸的欲望（oreXis）放入我们的身体中，因此，我们不得不要生儿育女，正如我们要饮食一样。但是，这种欲望与苍蝇想牛奶、蜜蜂想花蜜的欲望并无二致；而且我们还发现，厨师对小鸡和小牛也有这种欲望。

---

① 普鲁塔克：《爱情对话》，751a；752b。

不过，普罗托热尼并不想把所有这些欲望称作爱情。① 显然，对另一性别的吸引的自然性并不反对我们与女人们结合的必要实践。但是，它只把这种实践的意义限定在动物世界里到处可见的行为中，这种行为是以基本的必然性为根据的。普罗托热尼用与女人的关系的自然性来指出它的不完善，指出它与男童之爱的差别，因为后者蔑视这些必然性，追求更高的目标。事实上，他并没有发展出这种超自然的爱情观。而是普鲁塔克重新激活了这些柏拉图式的论题，但是，他一反男童的支持者们的做法，把这些论题都整合到单一的爱情观念之中。

另一种差异表现在快感的作用上。对女人的吸引无法摆脱快感，而对男童的爱情则相反，它只有摆脱了快感才能真正符合自己的本质。为了支持这一论点，普罗托热尼和庇西亚斯使用了斯多葛派的论证方式。他们强调指出，与女人的关系是自然出于保存人种的目的而安排的，这种安排使得快感与行为联系在一起了。出于这个原因，我们身上的食欲和冲动（oreXis, horme）时刻准备爆发出来，无拘无束，于是它们转变成了欲望（epithumia）。因此，我们以两种方式被引向了这一由女人构成的自然对象：一是通过食欲，这种自然的运动是以人类的繁衍为理性目的的，并且以快感为手段；二是通过欲望，这是一个冲动的、没有内在规范的运动，它是"以快感和愉悦为目的的"。② 由此可见，这两种方式都无法成为

---

① 普鲁塔克：《爱情对话》，750c—d。
② 普鲁塔克：《爱情对话》，750d—e。

真正的爱情：因为第一个对于所有的动物都是自然的和共有的，第二个则超越了理性的限定，让灵魂屈从于肉体的快感。

因此，人们应该排除男女关系中的性爱。普罗托热尼说："任何微小的爱情都不能进入闺房。"① 男童的拥护者们对这种说法给予了两点解释：因为欲望的本质是"通过性"把男女结合起来的，就像公狗对母狗一样，所以它是排斥爱情的。另一方面，对于一个聪明和贞洁的女人来说，感到对其丈夫的"爱"和接受丈夫"对自己的爱"（eran, erastai）都是不恰当的。② 因此，只存在唯一一种真正的爱情，这就是男童之爱。因为可耻的快感与它无缘，而且它还必然隐含一种与德性相伴的友爱。假若求爱者发现他的爱情没有引起对方的"友爱和德性"，那么他就会放弃他的关心和忠诚。③

对于这个传统的论据，我们等到的回答是达芙内对鸡奸虚伪性的揭发。正如阿基勒流泪时没有想起帕特罗克勒的大腿，正如梭伦没有歌颂过花季男童的"大腿和嘴唇的温柔"，男童的倾慕者喜欢打扮成哲学家和智者的样子。但是他只有一次机会。这就是在夜里，当大家都休息了，"乘看守不在，随意采花摘果"。不过，这里存在一个两难境地：要么快感是与友爱、爱情不相容的，在这种情况下，秘密地享受男童肉体的男童倾慕者们都丧失了爱情的高贵；要么承认肉体快感在友爱和

268

---

① 普鲁塔克：《爱情对话》，750c。
② 普鲁塔克：《爱情对话》，752b—c。
③ 普鲁塔克：《爱情对话》，750e。

爱情中有一席之地，那么也就没有理由把与女人的关系从友爱和爱情中排除出去。但是，达芙内并不这样认为。他又提起了大家经常反对的另一个在求爱者的行为和他们追求的快感之间的重大抉择：如果被爱者是有德性的，那么不用暴力制服他就无法获得这种快感。如果他同意了，那么就应当承认当事人面对的是一个娘娘腔。① 因此，人们不应该在男童之爱中追求第一种爱情模式，而是要把它视为"一个老年父母生下的孩子，一个私生子，一个力图排斥合法爱情和兄长的无知儿童"；②达芙内认为，除非对男童的爱与对女人的爱最终只是同一个东西。③

但是，对爱情的一般理论是在最开始的对手们离开之后和不在场时，才真正建立起来的，好像要达到辩论的主要目标，必须避免这种常见的冲撞。庞普蒂泰指出，争论这时已经导向了个人问题，必须让它回到一般的论题上去。

2692. 对话的核心部分是依据传统歌颂神的方式歌颂爱情。人们确定了真正的神圣性（普鲁塔克在此反对庞普蒂泰受伊壁鸠鲁的启发而归纳出来的论点，即诸神就是我们的激情；他指出控制我们的爱情是一种绝对神圣的力量产生的结果）；人们把它的力量与其他神的力量相比较（这是重要的一步，因为它揭示了爱洛斯是阿芙罗狄特的一个必要的补充：没有爱洛斯，

---

① 普鲁塔克：《爱情对话》，751d—e。
② 普鲁塔克：《爱情对话》，751f。
③ 普鲁塔克：《爱情对话》，751e。

阿芙罗狄特的工作只不过是感官的快乐，花一个德拉克马＊就可以买到它。而且，与人们所说的相反，它比阿瑞斯还勇敢和强壮。这种互惠的爱情让情人们在战争中扑向敌人，英勇地战斗至死，而不会可耻地逃跑）；人们还描述了它对人的灵魂的作用，它表现出"慷慨、怜悯和自由，并且像神控制万物那样，让一切事物畅通无阻"。最后，这篇颂词以埃及的各种神话和对柏拉图理论的阐释结束。

在这篇颂词中，值得注意的是，全部要素都属于传统的鸡奸性爱论。大部分的例子都是用来说明男童之爱或萨福这个榜样（阿尔塞斯特和阿德梅特几乎是仅有的例外）。爱洛斯在人们对他的颂扬中是以男童之爱的神出现的。然而，普鲁塔克不仅唱这种颂歌，而且同时也是"女性之爱的赞美者"。他要说明的是达芙内提出的一般论点："如果我们只关注真理，那么我们会发现对男童的好感与对女人的好感源于同一个爱情。"①

270

实际上，这就是这篇对话的主要目标。伊斯梅诺多尔对巴雄"鸡奸式的"诱骗这出小喜剧，只是作为这篇对话的背景和当下的图解说明。男童的性爱论所能要求的作为这一爱情形式的特征（与倾慕女人的错误爱情相反）的一切东西，在此都被再次利用，而且都没有摆脱鸡奸的主要传统。但关键是要把它作为能够包容这两种爱情的一般形式，而且特别是，不仅把它

＊ 德拉克马是古希腊银币的名称，也是古希腊的重量单位，合 3.24 克。——译者注

① 普鲁塔克：《爱情对话》，751e—f。

应用到引诱女人上，而且应用到配偶关系上。

在宙克斯普中间插话——书中没有向我们透露他插话的内容，大概是批评夫妻爱情的，但不是从鸡奸出发而是使用了一些伊壁鸠鲁主义的术语——之后，普鲁塔克再次发言，阐述了三个主要观点。首先，他强调指出，若是爱情就是人们所说的那样，那么它在男女关系中与在男童关系中人们所感受到的显现、力量和影响是一样的。让我们暂且接受伊壁鸠鲁的这一论点：被爱者的身体形象进入求爱者的眼中，然后渗透到他的身体之中，让他受到震撼，直至形成精液。但是，没有理由说这一机制只能由男童们激发的，而女人们是无法做到的。[1]与此相反，让我们接受普鲁塔克所倾向的柏拉图的这一论点：若是"透过身体的纯真和优雅"，我们看到了其灵魂的完美，而且这一灵魂又唤起了来自上天的景象，它给我们的灵魂安上了翅膀。因此，这里只有"完美"和"纯真"的问题，为什么要让两性的差别来搅和呢？[2]这一德性要素是传统的男童性爱论用来指示它与女人之爱之间重要差异中的一种。普鲁塔克指出它超越了一切性别差异："有人说完美是德性之花。然而，认为女人产生不出这种花朵，表现不出追求德性的倾向，这是荒谬的。……两性都共同表现出了一些相同的特性。"[3]

至于鸡奸者们认为只有男童之爱才有友谊，普鲁塔克指

---

[1] 普鲁塔克：《爱情对话》，766e。
[2] 普鲁塔克：《爱情对话》，766e—767a。
[3] 普鲁塔克：《爱情对话》，767b—c。

出，友谊也可以用来表示男人与女人的关系。或者至少（这一说明显然是最重要的）他与他的妻子是如此。正是配偶关系确保了两性关系中的友谊方式。在此，普鲁塔克只是简要地提到了这一配偶关系，它使人想起了《夫妻戒律》一书。它包含着在共同生活的整个过程中共享人生［普鲁塔克使用了这些词"stergein"（爱）和"stegein"（掩护、呆在自己家里）］。它要求相互爱护（eunoia），以完美的共同体为前提，即在不同的肉体之中的灵魂统一体，它十分强大，以致夫妻双方"不再想要成为两个人"。[①] 最后，它要求双方节制，即拒斥一切婚外关系。正是在这最后一点上，性爱论被移植到夫妻生活的实践中是最令人感兴趣的。因为它提出了一种与斯多葛主义迥然不同的有关婚姻的最高价值的观念。实际上，普鲁塔克把作为性爱结果的节制与来自"外在的"节制进行了对照，后者只是屈从于法律，有着羞耻感和恐惧感。而在前者之中，当性爱使夫妻双方互相激动时，它带有"对自我的控制、节制和忠诚"。在夫妻双方的热恋灵魂中，性爱引入了"羞耻、缄默和冷静"；它赋予它"一种矜持"，让它"关注唯一的存在"。在此，不难再次发现男童性爱的各种特性，如在情人们的灵魂中德性和节制的运用，诸如苏格拉底这类最完美的人身上的节制原则，它让他在所爱的人面前缄默不语，控制着自己的欲望。这样，普鲁塔克把长期以来一直归于同性恋的特征移植到了夫

---

① 普鲁塔克：《爱情对话》，767d—e。

妻双方上。

然而，对于女人之爱和男童之爱都有效的一般爱情理论的大厦开始倾斜了：普鲁塔克并不像达芙内对他的要求和他所期望的那样，他没有从一种特殊的爱过渡到一种更一般的爱。他从男童性爱论那里借用了它的基本的和传统的特征。而这一切无法被应用到一切爱情形式之上，而只是针对于夫妻关系。

3. 这实际上就是对话的最终目标：揭示出这个单一的爱情链条可以在婚姻中完美地实现自己，但是无法在男童关系中占有一席之地，至少它自身是不完整的。若是这一男童关系及其传统的价值可能作为一般爱情观念的基础和典范，那么它最终是无效的和虚弱的，一旦把它比作夫妻之爱，那么这就是不完美的爱情。

那么，普鲁塔克让这种不完美寄居何处呢？只要人们有了一种区分真正的爱情（因为它是纯洁的）和虚假的、骗人的爱情（因为它是肉欲的）的二元主义的性爱论，那么缺乏快感并非是可能的，为了把它变成最好的爱情关系，这还是必要的。但是，建立一种把爱洛斯和阿芙罗狄特强有力地联结起来的一般性爱论，就会改变问题的各种已知条件。缺乏快感就不再是一个条件，而成了一种障碍。普鲁塔克对此说得很清楚：如果说没有爱洛斯的阿芙罗狄特只提供花几个德拉克马就可以买到的短暂快感，那么没有阿芙罗狄特的爱洛斯则是不完美的，因为他没有了肉体快感。一种没有阿芙罗狄特的爱情"像没有酒的陶醉，被从无花果和大麦中提取的饮料激发出来，这也许只是一种没有结果（akarpon）和不丰满（ateles）的困扰，它很快转变成反感和厌恶"。[1]

然而，男童之爱是否可能让位于快感呢？其证据众所周知：[2] 要么性关系被冲动地强加于人，接受这些性关系的人则只能体验到愤怒、痛恨和报复的欲望；要么这些性关系是经一个人同意的，因为他的"软弱""娘娘腔""以被动为快感"，这是一件"可耻的""不自然的"事情，它把他贬到最低等级。[3] *274*
普鲁塔克在此再次接触到"被爱者的两难境地"：因为被鸡奸，他感受到痛恨和满意，他产生了蔑视。鸡奸的传统反对派就是抓住这一点不放。但是，普鲁塔克的分析却走得更远，它试图界定男童之爱所缺乏的东西，这种缺乏使得男童之爱难以像夫妻之爱一样成为一种爱洛斯与阿芙罗狄特互相和谐的结构，其中灵魂之间的联系是与肉体快感紧密相关的。普鲁塔克用了一个词来表示这种缺乏：男童之爱是"achar-istos"（缺乏愉悦的）。

在对话过程中多次出现的"charis"（愉悦）一词，似乎是普鲁塔克思想的关键之一。总之，在这篇论著的一开始，在建立单一爱情的重要理论之前，它的引入是相当慎重的。达芙内第一个使用它作为支持其论点的"最有力的"论据，[4] 他说，

---

① 普鲁塔克：《爱情对话》，752b。

② 普鲁塔克在此继承了达芙内阐述的论据，751d—e。

③ 普鲁塔克：《爱情对话》，768d。

④ 普鲁塔克：《爱情对话》，751c。

女人之爱在进行了一番大自然所赋予的性交之后，可以经过愉悦导向友谊（eis philian）。达芙内非常强调这一术语，以至于他立刻给它下定义，并赋予它某些重要的诗意支持，它就是女人自愿给予男人的愉悦，在萨福看来，这种愉悦只有到了结婚年龄才会出现；品达认为，性关系中缺乏愉悦，就会有粗俗的后代，如"缺乏愉悦的"（aneu chariton）赫拉怀上了赫菲斯托斯。① 由此，分配给这一愉悦的作用是明确的：这就是把性关系及其由大自然所界定的主动性与被动性两极整合为相互爱护的关系之中，把身体快感纳入友谊之中。

在这一初步阐述和建立统一的爱情理论之后，愉悦的问题在对话的结尾处成了举足轻重的东西。它将区分出女人之爱和男童之爱，唯有前者才能够引发由于愉悦而产生的阿芙罗狄特的快感与友谊德性相互交融的这一完整形式。然而，普鲁塔克并不简单地把这一结合看成是一种在夫妻关系中向性活动做出或多或少有益让步（例如为了生育）的宽容。相反，他把这些性活动当作一切激发夫妻爱情关系的出发点。在愉悦排除了一切可能是冲动、诱骗或低级趣味的范围内，身体快感可以作为婚姻所需要的爱情相互性的根源。他指出："与妻子的身体结合是友爱的源泉，像是共同探求奥秘一样。"快感是微不足道的东西（这是那些反对身体快感的人的传统说法），但是，普鲁塔克又立即补充道："它却是夫妻之间相互尊重（time）、

---

① 普鲁塔克：《爱情对话》，751d。

相互愉悦（charis）、相爱（agapesis）和互信（pistis）的胚芽，它会一天天地壮大起来。"①

对于身体快感的这一基本作用和这一胚芽功能，普鲁塔克给出了一种郑重的历史担保。他在梭伦立法中找到了它，因为梭伦立法规定丈夫们"每月至少有三次"亲近他们的妻子。在《梭伦的生平》中，他还提到这一法律，指出它只适用于有继承权的女儿们的婚姻，因为要有后代来继承家产。但是，普鲁塔克又补充道，还不仅如此，因为这一定期的亲近，即使"它不会生出孩子来"，它也是"向忠诚的妻子表示敬意"，"是一种随时消除心中不快和不要引起反感的感情宣示"。② 对于这种作为定期亲近的根据和良好默契的保证的性关系的作用，普鲁塔克在《爱情对话》中还给予了更加郑重的阐述。他把它当作一种重新激活婚姻关系的方式，有点像人们恢复一条契约一样；"如同各国有时要更新相互关系的协约，梭伦认为婚姻也要更新，通过这种亲密的表示来恢复自身，因为在日常的共同生活中，相互之间的不满会与日俱增。"③ 因此，性关系处于婚姻关系的中心，它是爱情与友谊关系的根据和保证。它是婚姻关系的基础，或者说，它像给予一种生存协约一样赋予婚姻关系以活力。如果说普鲁塔克提到在新婚后的性交中可能造成对妻子的"伤害"，那么他还指出在这种"伤害"中也有对建立

---

① 普鲁塔克：《爱情对话》，769a。
② 普鲁塔克：《梭伦的生平》，20。
③ 普鲁塔克：《爱情对话》，769a—b。

一种富有活力的、稳固的和长久的夫妻统一体所必要的东西。他诉诸三种隐喻：一是植物嫁接的隐喻，即为了通过嫁接培育一棵能够结出人们设想的果实的树，就必须首先进行切割；二是必须不厌其烦地反复向孩子或年轻人传授他首先获得并且以后又受益的一些最基本的知识概念；最后是把一种体液倒向另一体液之中的隐喻，即在最初的困扰和激动之后，融合产生了并且由此实现了《夫妻戒律》也提到的这种"di' holon krasis"（完全融合）。① 总之，它们形成了一种新的体液，没有什么东西再可以把这两个组成部分分隔开来。在新婚期间，不可避免地会有某种痛苦、激动和混乱，但是，这正是形成新的和稳定的统一体的条件。

　　这样，普鲁塔克对此作了系统的总结："在婚姻中，去爱是一个比被爱更重要的善。"② 这一说法的重要性就在于，在整个爱情关系中，传统的性爱论有力地揭示了求爱者与被爱者的两极性，以及双方之间不对称的必要性。在此，正是出现在配偶双方之中的双重爱情活动构成了基本的要素。其原因不难得出。这一双重的爱情活动是互惠的原则：因为任何一方都爱着对方，接受对方的爱情，欣然接受对方的爱情表示，因此也喜欢被爱。这一双重的爱情活动还是忠诚的原则，因为任何一方都能够以对另一方的爱作为自己行为的准则和限制自身欲

---

①　普鲁塔克：《爱情对话》，769e—f；参见《夫妻戒律》，142e—143c。
②　普鲁塔克：《爱情对话》，769d。

望的理由。"当人恋爱时，他会避免一切损害和改变夫妻的统一体。"① 这一统一体应该把它的价值和稳定性归因于双重爱情的图式，其中任何一方从爱洛斯的角度来看都永远是积极的主体。从求爱活动中的这一互惠性来看，性关系可能在爱情和相互愉悦的方式中占有一席之地。与这一关系模式相比，男童们的实践以其在求爱者与被爱者之间所作的鲜明的区分、它的被动性的两难处境和它在年龄上不可避免的脆弱性，只能是不适当的。它缺乏双重的和对称的求爱活动，因此，它缺乏夫妻关系的内在调整和稳定性。它缺少这种让快感可以整合到友爱之中、从而构成完满的性爱方式的"恩典"。因此，普鲁塔克可以说，鸡奸是一种缺乏"恩典"的爱情。

总之，普鲁塔克的著作见证了一种性爱论的形成。这种性爱论在某些基本观点上不同于希腊文明所熟悉的和发展的性爱论。当然，它们也不是完全不同，因为正如中间那一大段赞颂性爱的话所显示的，在这里起主要作用的仍然是那些传统的概念。但是，普鲁塔克使用这种柏拉图式的性爱论，是为了得出 *279* 与它通常不同的结果。长期以来，柏拉图式的性爱论旨在指出存在两种不同的和对立的爱情（一种是低级的、粗俗的、以快感为指向的；另一种是高尚的、精神的、以对灵魂的关注为指向的），但也把它们统一起来，因为唯有第二种爱情才被视为

---

① 普鲁塔克：《爱情对话》，769d—e。

真正的爱情，另一种只是世俗的阴影和模仿。普鲁塔克将这些柏拉图式的概念带入性爱论中，旨在建立一种能够解释女性和男童之爱的单一性爱论，并将快感融入其中。但是，正是以这种整合的名义，这一性爱论最终因为男童之爱缺乏满意的愉悦（charis）而排除了它。从这种贯穿真实与模仿问题、旨在本质上奠定男童之爱却又以排除各种快感为代价的二元主义的性爱论出发，我们在普鲁塔克那里发现了一种新的爱情风格：它是一元论的，因为它包括了各种快感，但是这种包括是有标准的，即它只保留夫妻性爱的快感，并且因为有明显的缺陷而排除与男童们的关系。在爱情的活力来自互惠快感的这一宏大统一体中，与男童们的关系再也没有地位了。

二

伪吕西安

被归在吕西安名下的《爱情》是一部比较晚的文 *280*
本。① 它是以相当平常的对话形式呈现的。泰奥姆内斯特
（Theomneste）对女人的爱和男童的爱像伊德尔 * 的头一样
多，在几乎消失时又重现，于是他抱怨阿芙罗狄特道：自他从 *281*
儿童变成美少年的那一年起，女神的愤怒就跟随着他。但是，
他不是太阳的后裔，没有希波吕特斯（Hippolyte）的粗野
的蔑视。他对于这两种爱情都心仪不已，但是还不知道自己最
喜欢哪一个。于是，他请利西诺——他不倾向于这两种感情中
的任何一个——担任仲裁，告诉他什么是最好的选择。幸运的
是，利西诺已经把两个人关于这个问题的对话铭记在心了。其

---

① 关于这篇文本，参见 R. 布洛克的《论吕西安的伪篇"爱情"》，1907 年；
马克勒奥德在勒布版的导言中确定它是 4 世纪的作品；F. 布菲耶则认为它
出现在 2 世纪（《青春期的性爱》，第 481 页）。

* 伊德尔（Hydre）是希腊神话中的九头蛇。——译者注

中一个只爱男童，断言女性的性欲只是一个"深渊"；另一个狂热地爱着女人。于是，他开始叙述他们的交谈；但是，泰奥姆内斯特并不糊涂，他仍然可以笑着提出问题。我们现在将要听到夏里克勒和卡里克拉第达的各自说法，它们近乎是非常严肃的话语。

不用说，这最后一点应该按表面意义来理解。当然，这两个对手是严肃的；但是，伪吕西安在行文中描写他们的虚张声势的证明时，是在进行嘲讽。在这些逞强斗狠的对白中存在着模仿的痕迹。用的是传统的论据，引文牵强，参考了各种重要的哲学观念，而且修辞花哨。作者是笑着叙述这两个沉着应答的争论者的对白的。从这个角度看，必须注意到有关鸡奸的论证是过于夸张、矫饰和"花哨的"，而赞成女性之爱的论述则更加斯多葛化和赤裸裸。最终的嘲讽——泰奥姆内斯特最后提请人们注意这一切归结为只是接吻、抚摸和在内衣里乱摸的手的问题——本质上契合了对男童之爱的赞颂。但是，这种嘲讽也点出了所提出的严肃问题。不论伪吕西安用怎样取笑的方式勾勒出这两个爱好者的"理论推理"——他们在修辞方面尚有"依据"，我们可以从中发现这一在希腊文化中有着漫长历程的"爱情争论"及其最鲜明的特征。

在利西诺说明他的朋友正夹在这两种爱情之间的开场白中，有件意想不到的事情出现了：这次将以支持男童之爱为结论（有点模糊不清）的对话不是打着爱洛斯的旗号（爱洛斯被认为是这种爱情形式的监督力量），而是打着阿芙罗狄特的旗

282

号：据说，利西诺这次简要叙述的地点在克尼德（Cnide），靠近女神庙，那里有普拉克西泰勒雕刻的非常著名的塑像。根据传统，这并不妨碍男童及其情人的辩护士在对话过程中提起爱洛斯，这位"天才"和"诠释爱情隐秘的祭司"。至于赞颂女性快感的辩护士，他自然要求助于阿芙罗狄特。因此，不难看出，克尼德的女神主持了这次论战，其中她有时与作为自己老对手和老伙伴的爱洛斯发生冲突。这也就是说，肉体快感的问题贯穿了整个对话。这正是泰奥姆内斯特所担忧的快感问题，它同样是由少女的妖媚和男童的英俊引起的。最后，对肉体快感的讨论在大笑声中结束了这些羞羞答答的交谈。此外，肉体的快感还成了夏里克勒和卡里克拉第达交谈的借口，蕴含着一段轶事：一个年轻人爱上了普拉克西泰勒的大理石，当夜幕降临时，他在庙里玷污了这座雕像，但是看上去像是男童所为。[①] 对这段非常古老的故事的叙述引起了争论：因为是针对阿芙罗狄特的，这种亵渎行为是对这位主导女性快感的神的敬意吗？但是，这种行为的表现形式难道不证明了它是反对这位阿芙罗狄特的吗？这是模棱两可的行为。那么，是否应该用这种亵渎式的敬意来思考女性之爱或男童之爱呢？

283

由此，贯穿整个对话的问题（即使它在那些更加纯洁的对白中被遗忘了）就是：给予女性之爱和男童之爱中的性快感以怎样的地位和形式呢？对这一问题的回答成了判别标准，在哲

---

① 吕西安的伪篇：《爱情》，16。

学天堂里暂时给予男童之爱一种胜利，不过，现实的嘲讽会很快让它受到损害。

这次辩论的结构很刻板。两位演说者分别申诉，说明了自己所喜欢的爱情的理由，都是一气呵成；而利西诺这位沉默的见证人将仲裁这次竞赛并决定谁是赢家。尽管卡里克拉第达赞同"男童之爱"的演说要比夏里克勒的演说更花哨、更长，但是这两套辩护词都有相同的结构：论据排列的次序相同，而且是一问一答。两篇演讲都分两个部分，第一部分回答的问题是：究竟什么是所谓爱情的本质、它的根源和它在世界秩序中的基础？第二部分回答的问题是：人在这种或那种爱情中究竟获得了什么快感？它的形式应该是什么，它的意义又可能是什么？这里，我们不想一段段地讨论这两个演说是怎么展开的，而是分别考察这两个问题，揭示女性之爱的拥护者与男童之爱的辩护士各自是如何回答它们的。

1. 夏里克勒"赞同女性之爱"的演说是以斯多葛派色彩的世界观念为基础的：① 自然被界定为让一切生物得以存在的力量，即它通过组合不同的要素而赋予了生物的灵魂。而且，夏里克勒重复了大家熟知的说法和用词，认为自然安排好了生物的繁衍。② 它深知生物都是由"容易腐朽的物质"构成的，

---

① 这一演说是从第 19 段到第 28 段。普拉克特在对希耶罗克勒的研究中认为这几段话有斯多葛派的特征（第 148 页）。R. 希洛克则从中看到了新毕达哥拉斯学派的主题。

② 吕西安的伪篇：《爱情》，19。

而且每个生物的生命都是短暂的，于是它通过让一个生物的死亡是另一个生物的出生的方式来安排（emechanesato）各个生物。因此，通过这种前后相继的活动，我们就可以永远地生存下去。为此，自然划分了不同的性别，一个注定要射出精子，另一个必须接受精子。它还在每个性别中置入对另一个性别的欲望（pothos）。于是，从这两个不同性别的交合中就能够产生子孙后代，但是，后代是决不可能从同一性别的两个人的交合中产生的。因此，夏里克勒就坚持这一世界的普遍秩序，其中死亡、繁衍、永恒、每个性别的本性及其相应的快感是相互联系的。这样，"女性"不应该违反自然变为男性，"男性也不应该不体面地表现出娘娘腔来"。要想逃避这种规定，不只是违反个人的特性，而且也损害到普遍必然性的锁链。

夏里克勒的演讲中所使用的第二个自然性的标准是出生时的人性状态。[①] 在德性上与诸神接近、对自己英雄行为的关注、得体的婚礼和高贵的后代：这些是标明这种高贵生活和确保它符合自然的四大特征。随后，出现了衰退，而且不断发展。看来，夏里克勒区分了这一衰退的不同阶段，首先，当快感引导人类走向毁灭时，人为了愉悦寻求着"种种新的和越轨的方法"（是否应该把它们理解为各种非生育的性关系的形式，或者是不同于婚姻的快感呢？），然后，人们开始"违反自然本身"，这种卤莽行为的主要形式是把一个男人当作女人来看待

---

① 吕西安的伪篇：《爱情》，20—21。

（这篇文本只提到了它）。然而，为了使一个违反自然的行为成为可能，必须向人与人的关系引入允许冲动和欺骗的东西：专制的权力和说服的艺术。

第三个自然性的标志是夏里克勒向动物世界要求的。[①]"自然的立法"是没有限制和没有区分地统治一切动物的，无论狮子、公牛、公羊、野猪、狼，还是鸟和鱼，都不去找自己的同性。对于它们来说，"神意的命令是不可改变的"。伪吕西安的演说者把人的"倒错的兽行"与这种聪明的动物性对立起来，认为人的这种兽行把人贬低到其他生物之下，而人原本是在其他生物之上的。夏里克勒在演讲中用了好几个有意思的术语来指人的这一"兽行"：狂怒、"奇怪的疾病""盲目的冷漠"（anaisthesia）、没有达成目标的能力，这样，它就对自己该追求的东西视而不见，而追求不该追求的东西。与动物们遵循自然法则和追寻自己命定的目标的行为不同，男同性恋者们表现出传统认为只有激情状态时才有的样子：无法控制的冲动、病态、无视现实事物、没有能力达到人性固有的目标。

总之，男童之爱被轮流置于自然的三条轴线（世界的普遍秩序、人性的原初状态、根据目的合理地调整行为）之上。它扰乱了世界的法则，引起了种种冲动和欺骗的行为。最终，它对人类的目标是有害的。从宇宙论、"政治"上和道德上看，这种关系形式违反了自然。

---

① 吕西安的伪篇：《爱情》，22。

卡里克拉第达在答词中，没有强调反驳对手的论据，而是提出了一个完全不同的有关世界、人类及其历史、男性之间关系的最高形式的看法。他把有关从混沌中形成的世界观念与一种有目的的和"机械的"自然观念对立起来，后者是通过性安排好了生育和繁衍，从而使人类具有了个体所没有的永恒性。他认为，爱洛斯克服了这一原始的混沌，创造了一切有灵魂的东西和一切没有灵魂的东西，在男人的身体中注入了和谐的原则，并且通过"神圣的友爱感情"使他们相互结合起来。夏里克勒在男女关系中看到了一种灵巧的本性，它通过时间来繁衍后代，从而避开了死亡。而卡里克拉第达则在男童之爱中认识到战胜混沌的友爱关系的力量。①

根据这种观点，世界的历史不应该被解读成对自然法则的过早遗忘和在"快感深渊"中的沉迷不悟，而是一种原始必然性的逐步松懈。② 人最初都受到需求的压迫，技术和知识（technai et epistemai）使人有可能避免这些紧迫的要求并且作出最好的回答：人能够制衣和造房。然而，如果说纺织工人的劳动就是使用野兽的皮，建筑师的艺术就是在洞穴中造房，那么男童之爱就是与女人的关系。一开始，与女人的关系是人类不致消失所不可或缺的。而男童之爱则相反，它很晚才出现。正如夏里克勒所说，这不是衰退造成的，而是人被教育

---

① 吕西安的伪篇:《爱情》，32。
② 吕西安的伪篇:《爱情》，33—35。

得更有好奇心和更有知识的结果。实际上，当人学会了许多有用的技巧后，他就开始全神贯注地探询，不忽视任何东西，于是哲学和鸡奸出现了。吕西安的这篇伪篇的演说者没有解释这种孪生现象，但是，他的演说充满了各种熟悉的材料，便于我们轻松地读解它。它隐含着通过两性性交而实现的生命传递与通过传授、学习和师徒关系而实现的"技术"和"知识"的传递之间的对立。在从具体的技艺中解脱出来后，哲学开始探询万事万物，为了传递它所发掘的智慧，它发现了男童之爱（这也是对敏于德性的美好灵魂的爱情）。于是，我们明白了卡里克拉第达正是在这些条件下可以笑着驳斥他的对手告诉他的动物教训：① 狮子不爱同类的雄性、熊不爱熊，这又能证明什么呢？问题不在于人败坏了动物身上保持不变的本性，而是野兽们并不知道什么是"哲学"，也不知道友爱会产生美。

　　显然，卡里克拉第达的论据并不比夏里克勒的更有创意。一方面，它们都是在重复庸俗的斯多葛主义；另一方面，也是柏拉图学说的各个成分或伊壁鸠鲁理论的各个要素的大杂烩，难道不是这样吗？② 确实如此。我们不能低估在这两种爱情的比较中各种基于传统论据的演说所需要的一切可能的借口。夏里克勒和卡里克拉第达的解释的庸俗性（有时外表美观）相当

---

① 吕西安的伪篇：《爱情》，36。
② 普拉克特认为卡里克拉第达的演说有伊壁鸠鲁主义的特征。但是，R. 布洛克强调指出，演说开始讨论的天体演化论并不特别具有伊壁鸠鲁主义的特征。另一方面，参考柏拉图的地方有时是很明显的，如在第 49 段。

清楚地揭示了它们必须起到有一点像哲学的徽章那样的作用：男童的爱好者是信奉柏拉图的，表现出爱洛斯的特征；女人的拥护者则是斯多葛派的，打着自然要求的旗号。显然，这并不意味着斯多葛主义者会谴责柏拉图通过拒斥婚姻来证明鸡奸。大家知道，从这些学说来看，情况并不是这样——或者，事情并非这样简单。但是，透过手中的各种文本，我们还要努力发现"一种享有特权的配合"。我们在前一章中已经看到：婚姻生活的艺术在很大程度上是按照斯多葛派的思想方式建立起来的，参考了它有关自然及其根本必然性、自然给予万物预定的地位和作用、普遍的繁衍规划和原初完善的状态（那时还没有性倒错式的堕落）的看法。后来，为了建立一种婚姻关系的伦理学，基督教从这些看法中汲取了很多内容。同样，男童之爱作为生活方式的实践，在数世纪里产生和巩固了一种相当不同的理论景观：宇宙的和个人的爱情力量可以使人逃脱直接必然性的上升运动，通过友爱的强烈形式与秘密联系获得和传授知识。女人之爱与男童之爱的争论远不是一种文学争论，因此，它也不是两种性欲望形式为了夺取绝对优势或各自表达观点的权利而发生的冲突。相反，它是两种生活形式、两种享用快感的风格的碰撞，以及伴随这些选择的哲学话语。 *290*

2. 夏里克勒和卡里克拉第达各自的演讲都根据"自然"的主题阐述了快感问题。我们知道，这一问题对于一个灵魂对另一个灵魂的友爱、爱情和善行的鸡奸实践来说总是一个难题。跟男童的爱好者谈"快感"就是和他过不去。夏里克勒就是这样看的。他对这一主题的讨论是从对鸡奸的虚伪性的传统批评开始的：你们摆出苏格拉底的门徒的样子来，不爱肉体，只爱灵魂。但是，你们追求的不是充满智慧的老人，而是那些尚不懂推理的男童，这是怎么回事呢？如果这是德性问题，那么为什么柏拉图要爱背叛里西亚斯的斐德罗，或者，像苏格拉底要爱亵渎神灵、背叛祖国和一心想当僭主的阿尔西比亚德呢？因此，尽管有各种灵魂之爱的幌子，但还是有必要像夏里克勒那样"退回"到快感问题上，把"男童的实践"与"女人的实践"作比较。

在夏里克勒为了区分这两种"实践"和快感在其中所占有的地位所使用的论据中，第一种是有关年龄和时间的短暂性的。[①] 直到进入老年时，女人还保持着她的妩媚——即使这有赖于她长期的阅历。而男童只能让人愉悦一时。夏里克勒把女人的身体与男童的身体进行了对照，前者有鬈发，皮肤光洁，"没有茸毛"，一直是欲望的对象，而后者很快就变得毛茸茸的，肌肉发达。但是，夏里克勒没有从这种差别中得出通常的结论：人只能在非常短暂的时间里爱男童，很快就会抛弃他并把曾经的一切山盟海誓忘得一干二净。相反，他提到了仍然爱一个年过二十的男童的人，这个人所追求的"正是模棱两可的阿芙罗狄特"，其中他扮演着被动的角色。在此，男童的肉体变化被用来作为性角色倒错的原则，而不是感情转瞬即逝的

---

① 吕西安的伪篇：《爱情》，25—26。

原则。

支持"女性实践"的第二个理由是对等性。① 毫无疑问，这是夏里克勒的演讲中最使人感兴趣的部分。它首先提到的原则是，一个有理性的人被创造出来，不是为了孤独地生活。然而，它没有从中推论出要有家庭或者要属于一个城邦的必然性，而是得出了不可能孤独地"度过一生"和需要一种使善事更加悦人和使苦事日益减轻的"感情共同体"（philetarios koinonia）的结论。认为共同生活具有这种作用的看法在斯多葛派有关婚姻的论著中经常出现。它在这里被用到了身体快感的特殊领域里。夏里克勒首先提到大家共同享用的会餐和会饮，在他看来，这是因为共享的快感更加强烈。然后，他提起了性快感。传统认为，被动的男童或多或少是被强奸的（hubrismenos），他无法体验到快感。没人"会发疯"唱反调。当他既没有落泪又不感到痛苦时，唱反调就对他不合适了。男童的情人获取快感后就离开了，他不会付出快感。这与女人完全不同。夏里克勒连续地提出了事实和规则。在与女人的性关系中，存在着"一种愉悦的平等交换"；两个伴侣在相互付出同样多的快感之后才分开。与这种自然的事实相一致的，是一种行为原则：最好不要去探寻一种自私自利的愉悦（philautos apolausai），不要想独占一切快感，而要与另一个人分享自己体验到的快感。当然，这种快感的对等性一

292

---

① 吕西安的伪篇：《爱情》，27。

直是爱情文学或性爱文学经常使用的著名论题。但是，有趣的是，我们在这里看到了它被用来规定与女人的关系是"自然的"，界定"性快感"中的行为准则，最后确定男人与男童关系中可能存在的非自然的、冲动的和不义的东西。在男女性交中，一个人注意的是另一个人的愉悦，两个伴侣之间是保持一种尽可能严格的平等。这种快感的对等性在实践中引入了一种延伸公共生活道德的伦理。

在这种重要的推论中，夏里克勒增加了两个与快感交换相关的论据。一个针对的是性爱文学中的一个流行主题：[①] 女人们能够向懂得如何享用快感的人提供男童们所能提供的一切快感；但是男童们却无法提供女性特有的快感。因此，女人们能够付出一切形式的快感，甚至让男童的情人们最愉悦的快感。另一个论据[②] 是，一个人若是接受了男人之间的爱情，那么他还必须接受女人之间的关系。在男同性恋关系与女同性恋关系之间因争议所引起的对称是饶有趣味的：首先因为它像夏里克勒的演讲的第二部分一样，否定男童之爱在文化上、道德上、感情上和性上的特殊性，而把男童之爱纳入男性个体之间关系的一般范围之中。其次是因为他为了贬损男童之爱利用了被传统视为更可耻的女同性恋——甚至谈论它都是"羞耻的"。最后，因为夏里克勒颠覆了这一等级制，让人明白一个男人像女

---

① 吕西安的伪篇：《爱情》，27。
② 吕西安的伪篇：《爱情》，28。

人那样被动比一个女人扮演男人的角色要更加羞耻。①

　　卡里克拉第达的演讲中回应这一批评的部分最长。而且，在争论的剩余部分里，"修辞片断"的特征是显著的。在性快感的问题上，鸡奸理论在涉及男童之爱的最可疑要素时，用自己的一切手段和最珍贵的材料说明了自己。但是，它们是被用来对付夏里克勒明确提出的问题：即快感对等性的问题。在这一点上，两位对手都参考了一个简单而连贯的概念：对于夏里克勒和"女人之爱的拥护者"来说，能够引发对方的快感、关注这种快感并且从中发现自己的快感，这就是普鲁塔克所说的"愉悦"（charis），②它认为男女关系中的快感是正当的，可以被整合到爱洛斯之中；而男童之爱是没有这种愉悦的，因而是没有价值的。但是，卡里克拉第达像男童之爱的传统所做的那样，认为"愉悦"（charis）并不是关键，而是"德性"（arete）。正是德性维系着"快感"和"爱情"的关系，它应该确保在伴侣之间有一种高尚的和合理节制的快感，以及他们不可或缺的共同体。简言之，对于夏里克勒等人所提出的唯有与女人发生的快感才可能产生"相互奉献"，他的反对者们则以唯有男童之爱才享有"合乎道德的共同体"的特权来回击。卡里克拉第达首先像变魔术一样批评了把女人之爱视为自己特征的这一快感相互性，然后，把与男童的有道德的关系树立为

──────────

① 一个女人扮演男人的角色，这难道不比"看到一个男人屈尊到扮演一个女人的角色"更好吗？（同上，28）

② 夏里克勒没有用过这个词。

唯一能够达至真理的道路。因此，归于男女关系名下的互惠快感的特权一下子又成了问题，而且男童之爱是违反自然的论题被翻转了。

　　卡里克拉第达恼怒地一股脑道出反对女人的陈词滥调。①人们只要靠近女人们，就会发现她们"其实"（alethos）很"丑陋"：她们的身体"毫不体面"，她们的脸庞像猴脸一样不讨人喜欢。为了掩盖这一事实，她们不得不费尽心机地使用化妆、梳妆、发型、首饰来打扮。在旁观者的眼里，她们看上去美丽，但是只要仔细地瞧瞧就会发现这是假象。而且，她们喜欢各种能够遮掩自己神秘淫荡的秘密崇拜。这里无须再提起这段演说中很庸俗地回应的所有讽刺论题。我们可以在各种鸡奸颂词中找到其他一些例证和相近的论据。如阿基勒·塔蒂乌斯在《留西伯和克里托芬》中让男童的爱慕者对他的一个主人公说："在女人那里，一切都是做作的，言辞与态度都是如此。如果其中一个看上去美丽，那么这是费了很大工夫涂脂抹粉的结果。她的美丽是由没药、染发剂和脂粉弄成的。若是你把女人的所有化妆品都拿走，那么她就像寓言中被人拔光羽毛的松鸦。"②

　　女人的世界是骗人的，因为它是一个隐秘的世界。男性群体和女性群体的社会划分，它们生活方式的不同，以及女性活

---

① 吕西安的伪篇：《爱情》，39--42。
② 阿基勒·塔蒂乌斯：《留西伯和克里托芬》，II，37。

动与男性活动的精心划分，所有这些很可能有助于揭示出古希腊的男性经验中这种把女性当作神秘的和骗人的对象的观念。首饰所掩饰的对身体的可能欺骗，一旦被人发现就有可能让人失望。人们很快会怀疑她巧妙掩饰的缺点，对其中某个讨厌的缺点感到害怕。女性身体的隐秘和各种特殊性充满了各种模棱两可的力量。奥维德说，您是否愿意摆脱一种激情呢？那么请您靠近一点观察您的情妇的身体。① 女人们的欺骗性还表现在道德上。她们过着这种遮遮掩掩的生活，它掩盖了各种神秘的担忧。在伪吕西安赋予卡里克拉第达的论证中，这些论题有精确的含义；它们使他可以把与女人的关系中的快感的相互性原则作为原因。假如女人们是骗人的，假如她们有着对自身的快感，假如她们热衷于秘密的淫荡活动而男人全然不知，那么怎么可能存在一种类似的相互性呢？假如她们的外表让人断定存在各种快感不过是虚假的承诺，那么怎么可能存在有效的快感交换呢？这样，通常人们对男童关系的反对——即这种关系是不符合自然的——可以同样适用于女人们。更为严重的事情还在于，她们在想掩盖自身真相的同时，还自觉引进了谎言。化妆的论据可能在这两种爱情的论战中没有多少分量，对于古代人来说，它是以两个严肃的要素为基础的：一个是来自对女人身体的担忧，一个是哲学原则和道德原则，即只有引起快感的

296

297

① 参见奥维德的《爱情的补救方法》，V，345—348。还有，"我建议你打开所有的窗户，在大白天里记下她外表的全部缺点"。产生爱情之后，"记住她身上的每个缺陷，盯住她的缺点不放"（411—418）。

第六章　男童们

对象是真实的，快感才是合法的。根据鸡奸理论，与女人的快感无法得出对等性，因为它伴有太多的虚假。

因此，与男童的快感反被当作真实的东西。[1] 少男的美是真实的，因为它未作任何修饰。正如阿基勒·塔蒂乌斯借一位主人公之口说的："男童的美没有散发没药的芳香，也没有骗人的和借来的气味。男童的汗味比一切女人的脂粉盒都好闻。"[2] 卡里克拉第达把不关心如何打扮的男童的时间表与女人梳妆台的虚假诱惑进行了对照：早晨，男童起床，用纯净的水沐浴；他不需要镜子，也不要梳子；他披上短披风赶去上学；在体育场，他精力充沛地进行锻炼，出汗后就去冲澡；有时上完别人向他讲授的智慧课程，他很快就因为白天的疲劳而进入梦乡。

所以，怎么可能会不希望与这个真实无欺的男童分享他的生活呢？[3] 其实，人都喜欢"花时间与这位朋友面对面坐着"，从他的谈吐中获得愉悦，"赞赏他的一切活动"。明智的快感不会简单地随青春年华而消失。当它不以最终要消逝的肉体的恩赐作为对象，它可以伴人一生。衰老、疲惫、死亡，甚至是坟墓，都可以与它同在，连"骨灰也不会分开"。这种一般论题是指，从男童之爱开始所建立起来的友爱，有着深远的男性爱情，维系生命直至终点。我以为，这一段伪吕西安的文字是色

---

[1] 吕西安的伪篇：《爱情》，44—45。

[2] 阿基勒·塔蒂乌斯：《留西伯和克里托芬》，II，37。

[3] 吕西安的伪篇：《爱情》，46。

诺芬的《会饮篇》中所阐述的一个论题的变体。双方的观念是相同的，甚至表现的方式和用词都很相近。互视的愉悦、感情的交流、分享成功或失败的情绪、生病时互相的关心：这也就是说，爱情支配着两位朋友，直至老年。[①] 伪吕西安的这篇著作还特别强调一个要点，即在这种过了青年期仍然存在的爱情中的关系结构，其中，求爱者与被爱者的角色不再相互区别，他们之间的平等是完美的，或者是完全可以转换的。因此，卡里克拉第达说，奥莱斯特和庇拉德就是这样，而根据传统，人们总要问谁是求爱者、谁是被爱者，如对阿基勒和帕特罗克勒就是如此。庇拉德曾经是被爱者，但是上了年纪后，考验期来了（两位朋友必须决定谁将面临死亡），被爱者也成了求爱者。这里，必须看到一个模式。卡里克拉第达说，对男童忠诚而严肃的爱情［著名的"真诚的性爱"（spoudaios eros）］应该因此有所改变；当年轻人到了能够用理性推理的年龄时，这种爱情必须过渡到成熟男人（androusthai）的形式上。在这种男同性恋中，曾是被爱者的一方"回报爱情"，这样就难以分清"两人中谁是求爱者了"。求爱者的爱情被被爱者还给他；这就像镜中反射的影像一样。[②]

299

被爱者对曾经所接受的爱情的回报一直是鸡奸伦理的一部分，表现形式包括在对方痛苦时施以援手，在对方年老时关

---

① 色诺芬：《会饮篇》，VIII，18。
② 吕西安的伪篇：《爱情》，48。

心呵护，伴随对方一生，或者不惜作出意外的牺牲。但是，伪吕西安所坚持的两个情人的平等和他所使用的规定配偶之间相互性的词语，似乎说明了他让男人之爱服从婚姻所描述和规范的二人生活模式的良苦用心。在详细阐述了男童身上具有的简单、自然和无牺牲之后，在把男童可以提供的快感奠基在"真实"之上后，该书的作者不是把所有精神关系建立在教学活动和这种爱情的有益影响上，而是建立在平等交换的相互性上。在卡里克拉第达的这篇演讲中，对男性身体和女性身体的描述愈是针锋相对，两人生活的伦理似乎愈是接近夫妻关系的男性爱情。

但是，还存在一种本质的差异。如果男童之爱被界定为唯一的爱情，其中德性与快感相互维系，那么快感就不会被当作性快感了。男童的魅力在于年轻的身体既没有化妆也没有欺骗，在于有规则的和明智的生活，在于友爱的交谈，在于别人对他的爱情，这些都是事实。但是，这本书要澄清的却是：男童没有床上"同伴"；在上学的路上，他不看任何人；到了晚上，一天工作的劳累让他很快入睡。卡里克拉第达对类似男童的情人们给了一个正式建议：要和苏格拉底一样保持贞洁（当他靠在阿尔西比亚德身边休息时，就是这样），有节制地（sophronos）接近男童们，不要为了一点点快感而浪费长久的爱情。辩论结束后，当时利西诺带着一种透着嘲讽意味的庄重给予颁奖：他站在赞颂男童之爱的演讲一边，是因为这种爱情是"哲学家们"实践的，而且它确保的是"公正的和毫无污

300

垢的"友爱关系。

夏里克勒和卡里克拉第达之间的争论最后以男童之爱的"胜利"而结束。这一胜利符合一种传统的图式，即把一种回避肉体快感的鸡奸留给了哲学家们。但是，这一胜利带给大家的不仅是结婚的权利，而且是结婚的义务（其根据在于斯多葛派的一个公式：完完全全的婚姻）。事实上，这是一种大杂烩的结论，它把保留给对"完美德性"敏感的哲学家们的男童之爱的特权置于婚姻普遍性之上。但是，千万不要忘了，这一争论（其传统的和修辞的特征在这篇文本中历历可见）被嵌入另一个对话之中。这就是利西诺和泰奥姆内斯特的对话。后者询问利西诺应该在这两种爱情中选择哪一个，因为他感到这两种爱情都同样有吸引力。利西诺给泰奥姆内斯特的"判决"与他给夏里克勒和卡里克拉第达的一样。但是，泰奥姆内斯特立即对其关键之点和鸡奸爱情胜利的条件进行了嘲讽：它的胜利 301是因为它是与哲学、德性和摒弃肉体快感联系在一起的。难道我们必须相信这真的是一个人爱男童的方式吗？泰奥姆内斯特像夏里克勒一样，对类似说法的虚伪性感到愤怒。因为为了把快感和德性联系在一起，男童的拥护者们强调要排除一切性活动。而他认为突然出现的肉体接触、接吻、抚摸和愉悦才是这种爱情存在的真正原因。他指出，除非这种关系的所有快感都是局限在相互凝视和愉悦地交谈的范围之内，否则，我们无法相信它。当然，凝视是令人快乐的，但这只是第一步。随后，触碰让整个身体都愉悦起来。然后是接吻，一开始有点羞羞答答，不久就完全放开了。其间，手也没闲着，它伸进衣服中，捏捏胸脯，又顺着结实的腹部而下，直达"青春之花"，最后击中目标。[①] 对于泰奥姆内斯特和该书的作者来说，这种描述并不是要摒弃一种不能接受的实践。它提醒人们注意，在爱情领域及其正当性之外（除非是站不住脚的理论伪装），不可能维系什么快感（aphrodisia）。伪吕西安的嘲讽不是谴责能够从男童那里获得的并且是在微笑中唤起的这种快感，而是对有关希腊鸡奸的一种非常古老的说法的反对。后者为了思考、阐释、表述和论证鸡奸，对肉体快感避而不见。当然，伪吕西安的嘲讽不是说爱女人是最好的，而是揭露论证排除快感及其相关关系的爱情的演说的主要弱点。

302

---

① 吕西安的伪篇：《爱情》，53。

三

一种新的性爱论

在对男童之爱的反思毫无结果的时代里，人们看到一种新 303
的性爱论的一些要素显现出来了。这种性爱论在哲学文献中并
没有特殊的地位，它的主题不是有关男童之爱的，而是针对男
女关系的。它出现在一些叙事小说中，如阿芙罗狄西亚的夏里
顿撰写的《夏雷阿斯与卡莉尔奥埃历险记》，阿基勒·塔蒂乌
斯叙述的《留西伯与克里托芬》，以及埃里奥多尔的《埃塞俄
比亚人》，这些是尚存的主要例证。当然，关于这种文学，我
们还有东西尚未确定，如它出现和终结的条件、各种文本的时
间及其象征意义和精神意义。① 但是，在这些充满无数曲折的
长篇叙事中，我们可以找出一些有关具有宗教和世俗双重色彩
的性爱论主题：一种男女"异性"关系的存在，一种更多以保 304

----

① 关于这一问题，参见 M.格兰特的《罗马的层递法》，第 117 页及次页；
还有 Th.哈格的《古代希腊小说中的叙述技巧》。

持童贞为准则的（而又不是以对欲望的政治的和阳刚的控制为基础）的禁欲要求，最后，这种纯洁性在具有一种精神婚姻的形式和价值的结合中得以实现和奖赏。在此意义上，不论柏拉图对这一性爱论有什么影响，我们看到，它已经远离了那种以有节制的男童之爱及其在持久的爱情形式中的实现为本质的性爱论。

毫无疑问，男童之爱并没有在这种浪漫文学中完全消失。它不仅在贝特洛尼或阿普勒的叙事作品中占有重要地位（在这些叙述作品中，男童之爱频频出现并广为接受），而且还出现在某些有关童贞、定亲和结婚的叙事作品中。在《留西伯与克里托芬》中，两个主人公就以完全肯定的方式表现了这种男童之爱：克里尼亚斯为了不让自己的情人结婚，向小说的主人公提出了获得少女之爱的绝妙建议。[1] 至于梅尼拉斯，他提出了一种有关男童之吻的幸福理论。男童之吻不像女人的吻那样过于讲究、柔滑和放荡，它不是源于艺术，而是出于天性，如瓶中的玉液滑向嘴唇，这就是练体操的男童的吻。[2] 但是，这些只是次要的和边缘化的主题，男童之爱不再是叙事的主要对象了。所有关注的中心都是少男与少女的关系。这种关系总是从对这两位少男少女的一次打击开始的，然后以一种对称的活力让双方彼此相爱。除了在阿芙罗狄西亚的夏里顿的小说《夏雷

---

① 阿基勒·塔蒂乌斯：《留西伯与克里托芬》，I，10。
② 阿基勒·塔蒂乌斯：《留西伯与克里托芬》，II，37。

阿斯与卡莉尔奥埃历险记》中，这种爱情没有立即演绎成双方的结合：小说展开了一长串的历险，把两个年轻人分隔开来，直到最后一刻才使有情人终成眷属，品尝云雨之乐。[①] 这些历险都是对称的；发生在其中一个人身上的事情在另一个人经历的变故中都有根据，它让他们表现出同样的勇气、忍耐力和忠诚。这些历险的主要意义和他们坚持到最后关头的价值在于，两个主人公都严格地坚守着一种相互的性忠诚。当两位主人公终成眷属时亦是如此，像夏雷阿斯和卡莉尔奥埃一样。在其他一些叙事作品中，在产生爱情之后和在结婚之前，历险和痛苦接踵而至，两个主人公彼此为对方保持着童贞。然而，对于这种童贞，我们必须明白，它不是在山盟海誓之后的一种简单的禁欲。它是一种生活的选择，在《埃塞俄比亚人》中是先于爱情的：夏里克勒是被养父在追寻"最好的生活方式"中精心养大的，她甚至拒绝去想结婚的事。不过，父亲对此抱怨不已，他向她提了一位高尚的求婚者："如果不用甜言蜜语，不许诺，不讲道理，我无法说服她；但是最让我痛苦的是，她利用我的话来反对我；她依靠的是我教给她的一大套说理方式——她把童贞置于一切之上，看成是神圣的东西。"[②] 对称地，泰阿热尼也从没有与女人发生过关系："他厌恶地拒绝了这些，以及人们可能和他谈论的一切婚姻和爱的历险，直到有一天，夏里克

---

① 在《夏雷阿斯与卡莉尔奥埃历险记》中，婚后立即又是分离。但是夫妻双方在屡经历险之后保持了他们的爱情、纯洁和忠诚。

② 埃里奥多尔：《埃塞俄比亚人》，II, 33。

勒的美丽向他证明了他并非自己认为的那样冷漠，而是尚未遇到一位值得去爱的女人。"①

我们看到，童贞并不简单地就是一种性活动之前的禁欲。它是一种选择，一种生活的风格，一种主人公出于关心自我而选择的高尚的生存方式。当最奇特的变故把两位主人公分离并且让他们置身于可怕的危险之中时，最严重的事是成为其他人性追求的对象。对他们的自我价值和爱情的最高考验就是不惜一切代价去抵制，保存这一根本的童贞。它对于他们之间的关系是根本的，对于他们与其他人的关系也是根本的。阿基勒·塔蒂乌斯的小说就是这样展开的——一种双重童贞的《奥德赛》。于是，童贞受到威胁、困扰、怀疑、诽谤和保护，除了克里托芬沾了一点可以允许的高尚的污点，最后在一种神意裁判之中得到证实，它宣布：她"直到今天仍然像她离开家乡时一样；她的高尚之处在于身处强盗之中仍然保持童贞之身，爱憎分明"。② 在谈到他自己时，克里托芬也能用对称的方式说道："假若存在一种男性的童贞，那么我自己已经保存了它。"③

但是如果爱情和性禁欲在整个历险过程中相辅相成，那么我们必须明白这不仅仅是抵抗第三方的问题。这种对童贞的

_307_

---

① 埃里奥多尔：《埃塞俄比亚人》，III，17。

② 阿基勒·塔蒂乌斯：《留西伯与克里托芬》，VIII，5。

③ 阿基勒·塔蒂乌斯：《留西伯与克里托芬》，V，20；还参见 VI，16。

坚持在爱情关系之内也是弥足珍贵的。人们彼此坚守童贞，直到爱情与童贞在婚姻中实现自身的时刻。因此，婚前保持贞洁会让两位分开的和经受着其他人考验的未婚夫妇在精神上相互接近，当他们历经曲折终成眷属之时，贞洁依然会让他们克制自己的欲望。泰阿热尼和夏里克勒在独处一个洞穴时完全放开了，他俩"沉浸在毫无顾忌和无限的拥抱和接吻之中，他们忘记了周围的一切，长时间地拥抱，好像是一个人似的，直到完全陶醉在他们永葆纯洁和童贞的爱情之中，他们的热泪交融在一起，贞洁的吻互相交织。当夏里克勒感到泰阿热尼有点过于激动、阳刚之气勃发时，她要他不要忘了他的誓言，告诉他理智地控制自己并无害处；因为如果他受到爱情的折磨，那么他就控制了自己的感官欲望"。[①] 因此，这种童贞不能被理解为一种反对一切性关系的态度，即使是那些发生在婚姻内的性关系。它是婚前的考验，它是导向婚姻的运动，它在这一运动中逐渐实现了自己。爱情、童贞和婚姻形成了一个整体：两位有情人必须保持自己身体的完整和心灵的纯洁，直至终成眷属。婚姻必须在身体的和精神的双重意义上来理解。

这样，一种新的性爱论衍生了出来，它不同于以男童之爱为出发点的性爱论，虽然克制性快感在两者之中都起着重要的作用。这种新的性爱论是围绕男女之间对称的与相互的关系和具有崇高价值的童贞，以及实现童贞的婚姻而展开的。

308

---

① 埃里奥多尔：《埃塞俄比亚人》，V，4。

结　论

　　在公元初两个世纪中，所有关于性活动及其快感的道德反思反映出了节制主题得到了某种强化。医生们对性实践的结果忧心忡忡，力主节欲，更倡导保持贞操而不是享用快感。哲学家们则谴责一切婚外性关系，规定夫妻之间要严格忠于对方，不许有任何例外发生。最后，男童之爱似乎在理论上是不名誉的事。

　　当性活动将被视为罪恶时，当只赋予夫妻的性活动以合法性时，当男童之爱被谴责是违反自然时，我们是否因此必须从这种基督教的范式中勾勒出一种未来道德来呢？我们是否必须认为在希腊—罗马世界中某些人已经预感到了这种性节制的模式（后来在基督教社会中确立了它的法律构架和制度化）呢？

由此，我们会发现某些严肃的哲学家在遥远的虚幻世界里所阐述的另一种道德，它力图在以后的世纪中采取更加强制的形式和一种更加普遍的有效性。

　　这一问题是重要的，它内在于一个悠久的传统之中。自文艺复兴以后，它在天主教和新教中划出了比较相似的分界线：一边是某些坚持与基督教相近的古代道德（这就是朱斯特·利普斯《斯多葛哲学导论》一书的主题，C. 巴尔特将其彻底化，把埃比克泰德说成是一位真正的基督徒；这也是很久以后的天主教阵营中 J.-P. 加缪的论题，特别是让-玛丽·德·波尔多的《基督徒埃比克泰德》一书的论题）的人；另一边是一些认为斯多葛主义不过是一种道德哲学的人，但是他们认为它难掩其异端的本色（如清教徒中的索梅斯和天主教阵营中的阿尔诺德或蒂勒蒙）。然而，关键问题不是简单地在基督教信仰中为某些古代哲学家大开绿灯，或者保护基督教信仰免遭一切异端的玷污。问题在于确定希腊—罗马哲学和基督教所共同具有的规范道德的基础是什么。19 世纪末兴起的争论与这一问题不无关系，即使它介入的是各种历史方法的问题。扎恩在其著名的"致词"中，^① 不是把埃比克泰德说成是基督徒，而是在一种普遍被认为是斯多葛主义的思想中指出有关基督教知识的各种标志和受基督教影响的各种痕迹。邦豪夫的著作回应了扎恩的研究，它力图建立起一种思想的统一，这不是为了解释这一思想的这个或那个方面而是诉诸一种与它不相协调的外在活动。^② 相反，这是要知道从何处寻找道德律令的基础，以及是否可能从基督教中剥离出一种长久以来就与它联结在一起的道

313

---

① Th. 扎恩：《斯多葛主义者埃比克泰德及其与基督教的关系》，1894 年。
② A. 邦豪夫：《埃比克泰德和新约》，1911 年。

德。然而，在这次争论中，好像大家都赞同（多少有点模糊）三个前提：根据第一个前提，一种道德的本质就是根据它可能包含的规范要素去仔细探求；根据第二个前提，古代后期的哲学道德以其严格戒律接近基督教，几乎完全脱离了先前的传统；最后，根据第三个前提，我们应该在升华和纯洁方面来比较基督教道德和已经为基督教道德做好准备的某些古代哲学家的道德。

但是，仅限于此是不可能的。我们必须首先记住，性节制的原则不是首先在罗马帝国时期的哲学中被确定的。我们可以在公元前 4 世纪的希腊思想中找出同样严格的阐述。总之，我们已经看出，性行为好像是在很久之后才被认为是危险的、难以把握的和代价高昂的。而且，要求对可能的性实践采取严格的措施并且把它置入一个严密的制度之中，这也是很久之后的事。柏拉图、伊索克拉底和亚里士多德以各自不同的方式和理由，至少提出了夫妇之间忠诚性的某些形式。至于对男童之爱，人们可以给予最高的价值，但是也要求他为了能够保持人们对他期望的精神价值而实行性节制。因此，长期以来，对身体和健康的关注、与妻子的关系、婚姻关系、与男童的关系一直是阐释一种严格道德的主题。我们在公元初两个世纪的哲学家们那里遇到的性节制以某种方式植根于这一古代传统之中，至少它宣示了一种未来道德。

然而，在这些关于性快感的反思中只看到来自古老的医学传统和哲学传统的支持，这是不准确的。我们确实不应该否认

　　　　　　　　　性经验史第三卷：自我的关心

在公元初两个世纪的这一思想中存在着受到小心呵护的连续性以及经常在古典文化中复活的顽强性。希腊化时代的哲学与道德经历了马鲁所说的"一个漫长的夏天"。但是其间也有几次明显的变化：它们阻止把穆索尼乌斯的道德或普鲁塔克的道德说成是对色诺芬、柏拉图、伊索克拉底或亚里士多德学说的简单强调；它们还阻止了把索拉努斯的或埃费斯的鲁弗斯的告诫说成希波克拉底的或迪奥克勒的原则的变体。

在养生学和健康问题方面，变化反映出一种更加深沉的担忧、一种对性活动与身体之间的关系的更加广泛和详尽的规定、一种对其效果氛围和混乱后果的更加积极的关注。这不简单地是一种对身体的更大的关注；它还是另一种看待性活动的方式，一种因为它与疾病和罪恶的全部亲缘关系而对其怀疑的方式。在妻子和婚姻问题方面，变化就在于抬高夫妻关系和构成它的一对一关系。丈夫的正确行为及其应该接受的节制不是简单地出于地位的考虑，而是由夫妻关系的本质、它的普遍形式以及由此而来的相互责任来确定的。最后，在男童方面，节制的必要性愈来愈不被看成是一种赋予性爱形式以最高精神价值的方式，而是愈来愈被当作他自己不完美的标志。

但是，通过先前主题的这些变动，我们可以认识到以自我关注为主导的一种生存艺术的发展。这种自我的艺术既不坚持人们可以放荡不羁，也不主张为了实施对其他人的控制而有所收敛。它愈来愈强调个体在性活动可能引起的各种罪恶面前的脆弱性；它还强调使性活动服从于一种把人类联系起来并且为

315

了人类而被自然地和理性地建立起来的普遍形式。它同样也强调了发展所有实践和练习的重要性，通过这些练习，人们可以保持自我控制，最终达到纯粹的自我愉悦。在性道德的这些变动的背后，并不是对各种禁止形式的强调，而是一种生存艺术的发展，它围绕着自我问题、它的依赖性和独立性、它的普遍形式以及它可以并且应该与其他人建立起来的联系、它控制自己的程序以及它能够建立起对自我完全主宰的方式而展开。

在这种背景下，一种双重的现象产生了，它是这种快感伦理学的特点。一方面，它要求人们更积极地关注性实践、它对机体的影响、它在婚姻中的地位和作用、它在成年男子与男童之间的关系中的价值和困难。但是当人们更多地停留在它身上时，当人们对性的兴趣趋强时，性活动更容易变得危险，更可能损害到人们着手建立的自我关系。因而愈来愈有必要怀疑它和控制它，并且尽可能把它局限在婚姻关系之中——即使这意味着在夫妻关系中赋予它更加强烈的意义。问题和担忧是成对出现的，既质疑又警惕。因此，一种性行为的风格就被这种道德的、医学的和哲学的反思运动提出了。它有别于在公元前4世纪所描述的性行为的风格；但是它也不同于我们在随后的基督教中所看到的性行为的风格。性活动在它的形式和效果方面看似与恶相关，但是它本身并不是一种恶。它在婚姻中达到自然的和理性的满足；但除了一些例外，为了使它不再是一种恶，婚姻并不是一种明确的和必不可少的条件。这样，性活动难以在对男童之爱中找到自己的地位，但是对男童之爱没有因此而被谴责是反自然的。

因此，在生存艺术和自我关注的艺术日臻精细的过程中，某些戒律就被提出了，它们非常接近于我们在以后的道德中所发现的那些戒律。但是这种相似不应该造成错觉。这些道德规定了自我关系的其他样式：一种基于有限性、堕落和罪恶的伦理实体；一种以服从一般法律为形式的服从模式，同时也是个人化的神的意志；一种对自我的工作，暗含着破译灵魂和净化欲望的解释学；一种否弃自我的伦理实现方式。有关快感结构、夫妻忠诚和男人之间性关系的各种规范要素很可能依然是类似的。它们都来自一种经过大幅改造的伦理学，来自把自我塑造为自己性行为的道德主体的另一种方式。

所引书目索引

古代作者

1. 阿基勒·塔蒂乌斯:

《留西伯与克里托芬的历险》，P. 格马勒译，巴黎，伽利玛出版社，七星丛书，
　　1963 年，第 13、295、297、304、307 页。

ACHILLE TATIUS, *Leucippé et Clitophon*, traduction française par P.
　　Grimal, Paris, Gallimard, La Pléiade, 1963.Pp. 13, 295, 297,
　　304, 307.

2. 安蒂帕特:

收在斯托倍的《诗选》中，A. 梅莱克编辑，莱比锡，1860—1863 年（第 III
　　卷，第 11—15 页），第 217 页。

ANTIPATER, *in* STOBÉE, *Florilegium*, éd. A. Meinecke, Leipzig,
　　1860-1863 (t. III, pp. 11-15). P. 217.

3. 安蒂洛斯: 参见奥里巴斯。

ANTYLLOS, Cf. ORIBASE.

4. 阿普勒:

《苏格拉底的神》，J. 鲍热整理和翻译，收在"法国大学丛书"（CUF）中，第 63 页。

APULÉE, *Du dieu de Socrate*, texte et traduction française par J.

Beaujeu, Collection des universités de France (C.U. F). P. 63.

5. 阿雷泰：

《论急性疾病和慢性疾病的症状、原因和治疗》，收在《希腊医学大全》中，
　　II，柏林，1958 年；L. 雷诺译，巴黎，1834 年，第 152—155、157—
　　158、163、165 页。

ARÉTÉE, *Traité des signes, des causes et de la cure des maladies aiguës
et chroniques*; texte in le *Corpus Medicorum Graecorum*, II,
Berlin, 1958; traduction par L. Renaud, Paris, 1834. Pp.
152-155, 157-158, 163, 165.

6. 阿里斯蒂德：

《罗马颂歌》，收在 J.H. 奥利维的《统治权力：通过阿埃利乌斯·阿里斯蒂德的
　　罗马演说对公元 2 世纪的罗马帝国的研究》，费城，1953 年，第 121 页。

ARISTIDE, *Éloge de Rome*, texte in J. H. OLIVER, *The Ruling Power.
A Study of the Roman Empire in the Second Century A.C. through the
Roman Oration of Aelius Aristides*, Philadelphie, 1953. P. 121.

7. 亚里士多德：

《尼可马克伦理学》，H. 莱克汉姆整理与翻译（勒布古典丛书）；R.-A. 高第叶
　　和 J.-Y. 诺利夫译成法文，鲁汶-巴黎，1970 年，第 197、205、213 页。
《政治学》，H. 莱克汉姆整理与翻译（勒布古典丛书）；J. 特里科特译成法文，
　　巴黎，1982 年。第 121、197、205 页。

ARISTOTE, *Éthique à Nicomaque*, texte et traduction anglaise par H.
Rackham (Loeb classical Library); traduction française par R.A
Gauthier et J.-Y. Jolif, Louvain-Paris, 1970. Pp. 197, 205, 213.
La Politique, texte et traduction anglaise par H. Rackham (Loeb
classical Library); traduction française par J. Tricot, Paris,
1982. Pp. 121, 197, 205.

8. 亚里士多德的伪篇：

《家政学》，A. 瓦尔特勒整理与翻译，收入"法国大学丛书"，第 197—198、
　　232、238 页。

PSEUDO-ARISTOTE, *Économique*, texte et traduction française par A. Wartelle (C.U.F.). Pp. 197-198, 232, 238.

9. 阿尔泰米多尔：

《梦幻的秘诀》，A.-J. 费斯蒂耶尔译成法文，巴黎，1975 年；K.-J. 怀特整理并译成英文，纽黑文，1971 年，第 11—37 页。

ARTÉMIDORE, *La Clef des songes*, traduction française par A.-J. Festugière, Paris, 1975; traduction anglaise par R.-J. White, New Haven, 1971.Pp. 11-37.

10. 阿泰内：参见奥里巴斯。

ATHÉNÉE, Cf. ORIBASE.

11. 塞尔斯：

《论医学》，W.G. 斯宾塞整理并译成英文（收在勒布古典丛书中）；A. 维德莱尼译成法文，巴黎，1876 年，第 135—136、141、157、168、176—177、182 页。

CELSE, *De medicina*, texte et traduction anglaise par W.G. Spencer (Loeb classical Library); traduction française par A. Vedrenes, Paris, 1876. Pp. 135-136, 141, 157, 168, 176-177, 182.

12. 阿芙罗狄西亚的夏里顿：

《夏雷阿斯与卡莉尔奥埃历险记》，G. 姆利尼叶整理并译成法文，收在"法国大学丛书"中，第 23、305 页。

CHARITON D'APHRODISIAS, *Les Aventures de Chairéas et de Callirhoé*, texte et traduction française par G. Molinié (C.U.F.). Pp. 23, 305.

13. 西塞罗：

《咳嗽》，G. 弗伦和 J. 汉姆伯特整理并译成法文，收在"法国大学丛书"中，第 76 页。

CICÉRON, *Tusculanes*, texte et traduction française par G. Fohlen et J. Humbert (C.U.F.). P. 76.

14. 亚历山大的克莱芒：

《教育者》，M. 哈尔和 CI. 蒙德塞尔整理并译成法文，收在"基督教原始资料丛书"中，巴黎，1960—1965 年，第 226 页。

《基质》，I、II，Cl. 蒙德塞尔整理并译成法文，收在"基督教原始资料丛书"中，巴黎，1951—1954 年，第 237 页。

CLÉMENT D'ALEXANDRIE, *Le Pédagogue*, texte et traduction française par M. Harl et Cl. Mondésert (coll. Sources chrétiennes), Paris, 1960-1965. P. 226.

Stromates, I, II, texte et traduction française par Cl. Mondésert (coll. Sources chrétiennes), Paris, 1951-1954. P. 237.

15. 第欧根尼·拉尔修：

《哲学家们的生平》，K.D. 黑克斯整理并译成英文，收在"勒布古典丛书"中；R. 热那叶译成法文，巴黎，1965 年，第 84、207 页。

DIOGÈNE LAËRCE, *Vie des Philosophes*, texte et traduction anglaise, par R.D. Hicks (Loeb classical Library)；traduction française par R. Genaille, Paris, 1965. Pp. 84, 207.

16. 迪翁·卡西乌斯：

《罗马史》，E. 卡利整理并译成英文，收在"勒布古典丛书"中，第 115—116 页。

DION CASSIUS, *Histoire romaine*, texte et traduction anglaise par E. Cary (Loeb classical Library). Pp. 115-116.

17. 迪翁·德·普鲁斯：

《演讲录》，J.W. 科红整理并译成英文，收在"勒布古典丛书"中，第 56、70、123、188、223 页。

DION DE PRUSE, *Discours*, texte et traduction anglaise par J.W. Cohoon (Loeb classical Library). Pp. 56, 70, 123, 188, 223.

18. 埃比克泰德：

《对谈录》，J. 苏伊埃整理并译成法文，收在"法国大学丛书"中，第 65、70、77—78、80、87—89、91、117、119、208—209、211—212、224、228 页。

《指南》，E.布雷叶译成法文，收在《斯多葛派》中，伽利亚马，七星丛书，巴黎，1962 年，第 78、89、224 页。

ÉPICTÈTE, *Entretiens*, texte et traduction française par J. Souilhé (C.U.F.). Pp. 65, 70, 77-78, 80, 87-89, 91, 117, 119, 208-209, 211-212, 224, 228.

Manuel, traduction française par É. Brehier (in *Les Stoïciens*, Gallimard, La Pléiade, Paris, 1962). Pp. 78, 89, 224.

19. 伊壁鸠鲁：

《书信与格言》，M.孔谢整理并译成法文，维利耶，1977 年，第 64、68 页。

ÉPICURE, *Lettres et MaXimes*, texte et traduction française par M. Conche, Viliers-sur-Mer, 1977. Pp. 64, 68.

20. 伽利安：

《论各部位的功用》，收在 C.G.库恩编辑的《全集》第 II 卷中，希尔德斯海姆，再次印刷，1964—1965 年。Ch.达伦伯格译成法文，收在《伽利安有关解剖学、生理学和医学的论著》，巴黎，1856 年，M.T.梅译成英文，伊萨卡，1968 年，第 143—147、150、173 页。

《论疫区》，收在 C.G.库恩编辑的《全集》第 VII 卷中，Ch.达伦伯格译成法文，收在《伽利安有关解剖学、生理学和医学的论著》第 II 卷，R.E.西格尔译成英文，巴勒，1976 年，第 149、155—156、159、163—164、183—185、188 页。

《论灵魂的激情及其错误》，收在 C.G.库恩编辑的《全集》中；R.范·德尔·埃尔斯特译成法文，巴黎，德尔格拉夫，1914 年，第 74 页。

GALIEN, *De l'utilité des parties*, texte dans les *Opera omnia*, édition C.G. Kühn, réimp. Hildesheim, 1964-1965, t. II; traduction française par Ch. Daremberg in *Œuvres anatomiques, physiologiques et médicales* de Galien, Paris, 1856, traduction anglaise par M.T. May, Ithaca, 1968.Pp. 143-147, 150, 173.

Des lieuX affectés, texte dans les *Opera omnia*, édition C.G. Kühn, t. VIII; traduction française par Ch. Daremberg, t. II; traduction anglaise par R.E. Siegel, Bâle, 1976. Pp. 149,

155-156, 159, 163-164, 183-185, 188.

Traité des passions de l'âme et de ses erreurs, texte dans les *Opera omnia*, éd. C.G. Kühn; traduction française par R. Van der Helst, Paris, Delagrave, 1914. P. 74.

21. 埃里奥多尔：

《埃塞俄比亚人》，P. 格里马勒译成法文，巴黎，伽利玛，七星丛书，1963 年，第 306—307 页。

HÉLIODORE, *Les Éthiopiques*, traduction française par P. Grimal, Paris, Gallimard, La Pléiade, 1963. Pp. 306-307.

22. 希耶罗克勒：

收在斯托倍的《诗选》中，A. 梅莱克编辑，莱比锡（第 III 卷，第 7—11 页），第 198、202、205、209、214—215 页。

HIÉROCLÈS, In STOBÉE, *Florilegium*, éd. A. Meinecke, Leipzig (t. III, pp. 7-11). Pp. 198, 202, 205, 209, 214-215.

23. 吕西安：

《海尔莫蒂姆》，K. 基尔本整理并译成英文，收在勒布丛书中，第 69 页。

LUCIEN, *Hermotime*, texte et traduction anglaise par K. Kilburn (Loeb classical Library). P. 69.

24. 吕西安的伪篇：

《爱情》，M.D. 马克娄奥德整理并译成英文，收在勒布丛书中，第 280—302 页。

PSEUDO-LUCIEN, *Les Amours*, texte et traduction anglaise par M.D. MacLeod (Loeb classical Library). Pp. 280-302.

25. 马克·奥勒留：

《沉思录》，A.-I. 特兰诺伊整理并译成法文，收在法国大学丛书中，第 65、70—71、79、91、124、223 页。

MARC AURÈLE, *Pensées*, texte et traduction française par A.-I. Trannoy (C.U.F.). Pp. 65, 70-71, 79, 91, 124, 223.

26. 马克西姆·德·蒂尔:

《论著》，拉丁译本，巴黎，1840 年，第 253 页。

MAXIME DE TYR, *Dissertations*, texte et traduction latine, Paris, 1840. P. 253.

27. 穆索尼乌斯·鲁弗斯:

《剩余》，O. 亨斯整理，莱比锡，1905 年，第 64、71、202—204、210、
213、215—216、225—226、229—231、236、239 页。

MUSONIUS RUFUS, *Reliquiae*, texte établi par O. Hense, Leipzig, 1905. Pp. 64, 71, 202-204, 210, 213, 215-216, 225-226, 229-231, 236, 239

28. 奥里巴斯:

《希腊—拉丁医学文集》，U.C. 比斯马克和 Ch. 达伦伯格译成法文，巴黎，
1851—1876 年，第 137—140、149、158、160—162、166—174、
176—178、180—182、184 页。

ORIBASE, *Collection des médecins latins et grecs*, texte et traduction française par U.C. Bussemaker et Ch. Daremberg, Paris, 1851-1876. Pp.137-140, 149, 158, 160-162, 166-174, 176-178, 180-182, 184.

29. 奥维德:

《爱的艺术》，H. 博尔耐克整理并译成法文，收在"法国大学丛书"中，第
186 页。

《爱情的补救方法》，H. 博尔耐克整理并译成法文，收在"法国大学丛书"中，
第 186、296 页。

OVIDE, *L'Art d'aimer*, texte et traduction française par H. Bornecque (C.U.F.) . P. 186.

Les Remèdes à l'Amour, texte et traduction française par H. Bornecque (C.U.F.) . Pp. 186, 296.

30. 费洛德姆:

《论言论自由》，A. 奥利维耶里整理，莱比锡，1914 年。

PHILODÈME, *Peri parrhēsias*, texte établi par A. Olivieri, Leipzig, 1914. P. 72.

31. 柏拉图:

《阿尔西比亚德篇》，M.克罗瓦塞整理并译成法文，收在"法国大学丛书"中，第 62 页。

《苏格拉底的申辩》，M.克罗瓦塞整理并译成法文，收在"法国大学丛书"中，第 62、88 页。

《法律篇》，第 70、145、197、220 页。

《理想国》，第 23、197 页。

PLATON, *Alcibiade*, texte et traduction française par M. Croiset (C.U.F.). P. 62.

Apologie de Socrate, texte et traduction française par M. Croiset (C.U.F.). Pp. 62, 88.

Les Lois, texte et traduction française par É. des Places et A. Diès (C.U.F.). Pp. 70, 145, 197, 220.

La République, texte et traduction française par É. Chambry (C.U.F.). Pp. 23, 197.

32. 小普林尼:

《书信集》，A.-M.桂勒敏整理并译成法文，收在"法国大学丛书"中，第 67、71、108、215—216 页。

PLINE LE JEUNE, *Lettres*, texte et traduction française par A.-M. Guillemin (C.U.F.). Pp. 67, 71, 108, 215-216.

33. 普鲁塔克:

《论未受教育的统治者》，F.C.巴比特整理并译成英文，收在《普鲁塔克的道德论著》第 X 卷中（勒布古典丛书），第 123、126 页。

《心灵的感情是否比身体的感情更坏》，F.C.巴比特整理并译成英文，收在《普鲁塔克的道德论著》第 VI 卷中（勒布古典丛书），第 81 页。

《斯巴达格言》，F.C.巴比特整理并译成英文，收在《普鲁塔克的道德论著》第 VI 卷中（勒布古典丛书），第 61 页。

《夫妻戒律》，F.C. 巴比特整理并译成英文，收在《普鲁塔克的道德论著》第 VI 卷中（勒布古典丛书），第 212、233、236、240—243、277 页。

《论流放》，J. 阿尼整理并译成法文，收在普鲁塔克的《道德论著》第 VIII 卷（法国大学丛书），第 128 页。

《健康戒律》，F.C. 巴比特整理并译成英文，收在《普鲁塔克的道德论著》第 VI 卷中（勒布古典丛书），第 75 页。

《爱情对话》，R. 弗拉塞里叶尔整理并译成法文，收在普鲁塔克的《道德论著》第 X 卷（法国大学丛书），第 261 页。

《苏格拉底的神灵》，J. 阿尼整理并译成法文，收在普鲁塔克的《道德论著》第 VII 卷（法国大学丛书），第 82 页。

《爱情故事》，R. 弗拉塞里叶尔整理并译成法文，收在普鲁塔克的《道德论著》第 X 卷（法国大学丛书），第 261 页。

《女人的德性》，F.C. 巴比特整理并译成英文，收在《普鲁塔克的道德论著》第 III 卷中（勒布古典丛书），第 241 页。

《管理国家的戒律》，F.C. 巴比特整理并译成英文，收在《普鲁塔克的道德论著》第 X 卷中（勒布古典丛书），第 120—122、128 页。

《桌边闲谈》，F. 弗尔曼整理并译成法文，收在普鲁塔克的《道德论著》第 IX 卷（法国大学丛书），第 176、185 页。

《一个人怎样知道他在德性上的进步》，F.C. 巴比特整理并译成英文，收在《普鲁塔克的道德论著》第 I 卷中（勒布古典丛书），第 21 页。

《国王和统治者们的格言》，F.C. 巴比特整理并译成英文，收在《普鲁塔克的道德论著》第 III 卷中（勒布古典丛书），第 20 页。

《梭伦的生平》，R. 弗拉塞里叶尔、E. 香博里和 M. 居诺整理并译成法文，收在普鲁塔克的《道德论著》第 X 卷（法国大学丛书），第 260、276 页。

《七位贤人的会饮》，F.C. 巴比特整理并译成英文，收在《普鲁塔克的道德论著》第 II 卷中（勒布古典丛书），第 243 页。

PLUTARQUE, *Ad principem ineruditum*, texte et traduction anglaise par F.C. Babbitt, *Plutarch's Moralia*, t. X (Loeb classical Library). Pp. 123, 126.

Animine an corporis affectiones sint pejores, texte et traduction anglaise par F.C. Babbitt, *Plutarch's Moralia*, t. VI (Loeb classical Library). P. 81.

Apophthegmata laconica, texte et traduction anglaise par F.C. Babbitt, *Plutarch's Moralia*, t. III (Loeb classical Library) . P. 61.

Conjugalia praecepta, texte et traduction anglaise par F.C. Babbitt, *Plutarch's Moralia*, t. II (Loeb classical Library) . Pp. 217, 233, 236, 240-243, 277.

De l'eXil, texte et traduction française par J. Hani, *Œuvres morales*, t. VIII (C.U.F.) . P. 128.

De tuenda sanitate praecepta, texte et traduction anglaise par F.C. Babbitt, *Plutarch's Moralia*, t. II (Loeb classical Library) . Pp. 75.

Dialogue sur l'Amour, texte et traduction française par R. Flacelière, *Œuvres morales*, t. X (C.U.F.) . Pp. 236, 257-279.

Le Démon de Socrate, texte et traduction française par J. Hani, *Œuvres morales*, t. VII (C.U.F.) . P. 82.

Histoires d'amour, texte et traduction française par R. Flacelière, *Œuvres morales*, t. X (C.U.F.) P. 261.

Mulierum virtutes, texte et traduction anglaise par F.C. Babbitt, *Plutarch's Moralia*, t. III (Loeb classical Library) . P. 241.

Praecepta gerendae reipublicae, texte et traduction anglaise par F.C. Babbitt, *Plutarch's Moralia*, t. X (Loeb classical Library) . Pp. 120-122, 128.

Propos de table, texte et traduction française par F. Fuhrmann, *Œuvres morales*, t. IX (C.U.F.) . Pp. 176, 185.

Quomodo quis suos in virtute sentiat profectus, texte et traduction anglaise par F.C. Babbitt, *Plutarch's Moralia*, t. I (Loeb classical Library) . P. 21.

Regum et imperatorum apophthegmata, texte et traduction anglaise par F.C. Babbitt, *Plutarch's Moralia*, t. III (Loeb classical Library) . P. 70.

Vie de Solon, texte et traduction française par R. Flacelière, É. Chambry et M. Juneaux (C.U.F.) . Pp. 260, 276.

Septem sapientium convivium, texte et traduction anglaise par F.C. Babbitt, *Plutarch's Moralia*, t. II (Loeb classical Library) . P. 243.

34. 波尔弗雷:

《毕达哥拉斯的生平》，E. 德斯普拉斯整理并译成法文，收在"法国大学丛书"中，第 84 页。

PORPHYRE, *Vie de Pythagore*, texte et traduction française par É. des Places (C.U.F.). P. 84.

35. 普罗贝尔斯:

《哀歌》，D. 帕伽那里整理并译成法文，收在"法国大学丛书"中，第 186 页。

PROPERCE, *Elégies*, texte et traduction française par D. Paganelli (C.U. F). P. 186.

36. 昆体良:

《演说法》，J. 古桑整理并译成法文，收在"法国大学丛书"，第 253 页。

QUINTILIEN, *De l'institution oratoire*, texte et traduction française par J. Cousin (C.U.F.). P. 253.

37. 埃费斯的鲁弗斯:

《著作集》，Ch. 达伦伯格和 E. 胡埃勒整理并译成法文，巴黎，1879 年，第 153、159—160、162、166—167、176、178、181—182、184 页。

RUFUS D'ÉPHÈSE, *Œuvres*, texte et traduction française par Ch. Daremberg et E. Ruelle, Paris, 1879. Pp. 153, 159-160, 162, 166-167, 176, 178, 181-182, 184.

38. 塞涅卡:

《论善行》，F. 普雷夏克整理并译成法文，收在"法国大学丛书"中，第 119 页。

《论生活简朴》，A. 布尔热里整理并译成法文，收在"法国大学丛书"中，第 64—65、90—91 页。

《论愤怒》，A . 布尔热里整理并译成法文，第 79、84 页。

《慰问埃尔维亚》，R. 瓦尔兹整理并译成法文，收在"法国大学丛书"中，第 83 页。

《慰问马尔西亚》，R. 瓦尔兹整理并译成法文，收在"法国大学丛书"中，第 223 页。

《论智者的坚定》，R. 瓦尔兹整理并译成法文，收在"法国大学丛书"中，第 68 页。

《给鲁西里乌斯的信》，F. 普雷夏克和 H. 诺伯洛整理并译成法文，收在"法国大学丛书"中，第 21、64—65、68—69、72、75—77、79、82—84、90、92、112、119、127—129、229 页。

《论精神宁静》，K. 瓦尔兹整理并译成法文，收在"法国大学丛书"中，第 65、90、127 页。

《论幸福生活》，A. 布尔热里整理并译成法文，收在"法国大学丛书"，第 65、92 页。

SÉNÈQUE, *Des bienfaits*, texte et traduction française par F. Préchac (C.U.F.) . P. 119.

De la brièveté de la vie, texte et traduction française par A. Bourgery (C.U.F.) . Pp. 64-65, 90-91.

De la colère, texte et traduction française par A. Bourgery (C.U.F.) . Pp. 70, 84.

Consolation à Helvia, texte et traduction française par R. Waltz (C.U.F.) . P. 83.

Consolation à Marcia, texte et traduction française par R. Waltz (C.U.F.) . P. 223.

De la constance du sage, texte et traduction française par R. Waltz (C.U.F.) . P. 68.

Lettres à Lucilius, texte et traduction française par F. Préchac et H. Noblot (C.U.F.) . Pp. 21, 64-65, 68-69, 72, 75-77, 79, 82-84, 90-92, 117, 119, 127-129, 229.

De la tranquillité de l'âme, texte et traduction française par R. Waltz (C.U.F.) . Pp. 65, 90, 127.

De la vie heureuse, texte et traduction française par A. Bourgery (C.U.F.) . Pp. 65, 92.

39. 索拉努斯：

《论妇科病》，收在《希腊医学大全》，第 IV 卷，莱比锡，1927 年；F.J. 埃尔郭特译成法文，南锡，1895 年；O. 唐金译成英文，巴尔的摩，1956 年，第 156、165、169—171、175、179 页。

SORANUS, *Traité des maladies des femmes*, texte in *Corpus Medicorum*

Graecorum, t. IV, Leipzig, 1927; traduction française par F.J. Hergott, Nancy, 1895; traduction anglaise par O. Temkin, Baltimore, 1956. Pp. 156, 165, 169-171, 175, 179.

40. 斯塔西：

《短诗集》，H. 弗莱尔和 H.-J. 伊扎克整理并译成法文，收在"法国大学丛书"中，第 110 页。

STAGE, *Silves*, texte et traduction française par H. Frère et H.-J. Izaac (C.U.F.). P. 110.

41. 西涅西奥斯：

《论梦》，收在《著作集》中，N. 德努翁译，巴黎，1878 年，第 13 页。

SYNÉSIOS, *Sur les songes*, in *Œuvres*, traduction française par H. Druon, Paris, 1878. P. 13.

42. 色诺芬：

《会饮篇》，F. 奥利叶整理并译成法文，第 298 页。

《居鲁士的教育》，M. 比作斯和 E. 德勒贝克整理并译成法文，第 61 页。

《家政学》，P. 香特罕尼整理并译成法文，第 70、197 页。

XÉNOPHON, *Le Banquet*, texte et traduction française par F. Ollier (C.U.F.). P. 298.

La Cyropédie, texte et traduction française par M. Bizos et É. Delebecque (C.U.F.). P. 61.

Économique, texte et traduction française par P. Chantraine (C.U.F.). Pp. 70, 197.

现代作者

1. C. 阿尔比特：

《希腊医学在罗马》，伦敦，1921 年，第 135 页。

ALLBUT, C., *Greek Medicine in Rome*, Londres, 1921. P. 135.

2. D. 巴布：

《普鲁塔克和斯多葛主义》，巴黎，法国大学出版社，1969 年，第 243 页。

BABUT, D., *Plutarque et le stoïcisme*, Paris, P.U.F., 1969. P. 243.

3. C.A. 贝尔：

《阿尔柳斯·阿里斯蒂德和神圣寓言》，阿姆斯特丹，1968 年，第 12 页。

BEHR, C. A., *Aelius Aristides and «the Sacred Tales»*, Amsterdam, 1968. P. 12.

4. H.D. 贝兹：

《普鲁塔克的伦理著作和早期基督教文学》，莱顿，1978 年，第 257 页。

BETZ, H. D., *Plutarch's Ethical Writings and Early Christian Literature*, Leyde, 1978. P. 257

5. R. 布洛克：

《论伪吕西安的"爱情"》，1907 年，第 280、284、288 页。

BLOCH, R., *De Pseudo-Luciani Amoribus*, Argentorati, 1907. Pp. 280, 284, 288.

6. A. 邦豪夫：

《埃比克泰德和斯多葛》，1890 年；《斯多葛主义者埃比克泰德的伦理学》，1894 年；《埃比克泰德和新约》，1911 年。

BONHÖFFER, A., *Épiktet und die Stoa*, Stuttgart, 1890. *Die Ethik des Stoikers Epiktet*, Stuttgart, 1894. *Épiktet und das Neue Testament*, Giessen, 1911. P. 313.

7. J. 鲍斯维尔：

《基督教、社会宽容和同性恋》，1980 年，第 102、252 页。

BOSWELL, J., *Christianity, Social Tolerance, and HomoseXuality*, Chicago, 1980. Pp. 102, 252.

8. G.W. 鲍威索克：

《罗马帝国的希腊智者》，牛津，1969 年，第 135 页。

BOWERSOCK, C. W., *Greek Sophists in the Roman Empire*, Oxford, 1969. P. 135.

9. J.-P. 布鲁德胡克斯:

《亚历山大的克莱芒的婚姻和家庭》，巴黎，博谢斯勒，1970 年，第 99 页。

BROUDEHOUX, J.-P., *Mariage et famille chez Clément d'AleXandrie*, Paris, Beauchesne, 1970. P. 99.

10. F. 布菲耶:

《青春期的性爱：古希腊的鸡奸》，巴黎，美文出版社，1980 年，第 280 页。

BUFFIÈRE, F., *Éros adolescent. La pédérastie dans la Grèce antique*, Paris, Les Belles Lettres, 1980. P. 280.

11. G. 康吉莱姆:

《科学史和科学哲学研究》，巴黎，维林，1968 年，第 192 页。

CANGUILHEM, G., *Études d'histoire et de philosophie des sciences*, Paris, Vrin, 1968. Pp. 192.

12. J.A. 克鲁克:

《罗马的法律和生活》，伦敦，1967 年，第 100 页。

CROOK, J. A., *Law and Life of Rome*, Londres, 1967. P. 100.

13. J. 费尔古松:

《古代世界的道德价值》，伦敦，1958 年，第 112 页。

FERGUSON, J., *Moral Values in the Ancient World*, Londres, 1958. P. 112.

14. A.-J. 费斯蒂耶尔:

《希腊哲学研究》，巴黎，维林，1971 年，第 63 页。

FESTUGIÈRE. A.-J., *Études de philosophie grecque*, Paris, Vrin, 1971. P. 63.

15. J. 伽热:

《罗马的社会阶级》，巴黎，百耀，1964 年，第 114 页。

GAGÉ, J., *Les Classes sociales dans l'Empire romain*, Paris, Payot, 1964.

P. 114.

16. M. 格兰特：

《罗马的层递法：古代世界的极点》，伦敦，1968 年，第 303 页。

GRANT, M., *The ClimaX of Rome. The Final Achievments of the Ancient World*, Londres, 1968. P. 303.

17. A. 格里利：

《希腊—罗马世界里思辨生活的问题》，米兰—罗马，1953 年，第 69 页。

GRILLI, A., *Il problema della vita contemplativa nel mondo greco-romano*, Milan-Rome, 1953. P. 69.

18. P. 格里马勒：

《塞内克：帝国的良心》，巴黎，1978 年，第 75 页。

GRIMAL, P., *Sénèque ou la conscience de l'Empire*, Paris, 1978. P. 75.

19. I. 阿多：

《塞涅卡和希腊—罗马的引导灵魂的传统》，柏林，1969 年，第 70、76 页。

HADOT, I., *Seneca und die griechisch-römische Tradition der Seelenleitung*, Berlin, 1969. Pp. 70, 76.

20. P. 阿多：

《精神训练和古代哲学》，巴黎，1981 年，第 60 页。

HADOT, P., *EXercices spirituels et philosophie antique*, Paris, 1981. P. 60.

21. Th. 哈格：

《古代希腊小说中的叙述技巧：对夏里顿、色诺芬、埃非西乌斯和阿基勒·塔蒂乌斯的研究》，斯德哥尔摩，1971 年，第 303 页。

HÄGG, Th., *Narrative Technique in Ancient Greek Romances. Studies of Chariton, Xenophon Ephesius and Achille Tatius*, Stockholm, 1971. P. 303.

22. B.L. 黑基曼斯：

《修行：关于埃比克泰德的教育体制的注解》，乌特勒支，1959 年，第 72 页。

HIJMANS, B. L., *Askēsis: Notes on Epictetus' Educational System*, Utrecht, 1959. P. 72.

23. A.H.M. 克塞尔斯：

《古代的梦幻分类系统》，默内莫苏内，第 4 系列，第 22 号，1969 年，第 17 页。

KESSELS, A. H.M., «Ancient System of Dream Classification», *Mnemosune*, 4ᵉ sér., n° 22, 1969. P. 17.

24. J.H. 利伯舒兹：

《罗马宗教的连续性与变化》，牛津，1979 年，第 73 页。

LIEBESCHÜTZ, J. H., *Continuity and Change in Roman Religion*, OXford, 1979. P. 73.

25. C. 鲁兹：

《穆索尼乌斯·鲁弗斯》，"耶鲁古典研究"，第 X 卷，1947 年，第 202 页。

LUTZ, C., «Musonius Rufus», *Yale Classical Studies*, t. X, 1947. P. 202.

26. R. 麦克米利安：

《从公元前 50 年到公元 284 年的罗马社会关系》，伦敦—纽黑文，1974 年，第 115、117 页。

MACMULLEN, R., *Roman Social Relations, 50 B.C. to A.D. 284*, Londres-New Haven, 1974. Pp. 115, 117.

27. M. 梅斯林：

《公元 1 世纪罗马人的各种来源：人类学的研究》，巴黎，阿谢特，1978 年，第 200 页。

MESLIN, M., *L'Homme romain, des origines au Iᵉʳ siècle de notre ère: essai d'anthropologie*. Paris, Hachette, 1978. P. 200.

28. J.T. 路南：

《节育和婚姻：基督教思想中的进化或矛盾》，偌苏阿译，巴黎，塞尔夫出版社，1969 年，第 226 页。

NOONAM, J. T., *Contraception et mariage, évolution ou contradiction dans la pensée chrétienne*, trad. de l'anglais par M. Jossua, Paris,

Éd. du Cerf, 1969. P. 226.

29. 杰克·皮尧德:

《灵魂的疾病: 有关古代医学—哲学传统中身心关系的研究》, 巴黎, 美文出版社, 1981 年, 第 193 页。

PIGEAUD, J., *La Maladie. de l'âme; étude sur la relation de l'âme et du corps dans la tradition médico-philosophique antique*, Paris, Les Belles Lettres, 1981. P. 193.

30. S.B. 博梅霍伊:

《女神、妓女、妻子和奴隶》, 纽约, 1975 年, 第 102—104 页。

POMEROY, S. B., *Goddesses, Whores, Wives and Slaves. Women in Classical Antiquity*, New York, 1975. Pp. 102-104.

31. K. 普拉克特:

《斯多葛派的希耶罗克勒》, 莱比锡, 1901 年, 第 284—288 页。

PRAECHTER, K., *Hierokles der Stoiker*, Leipzig, 1901. Pp. 284, 288.

32. M.I. 罗斯托夫采夫:

《希腊化世界的社会经济史》, II, 再次印刷, 牛津, 1941 年, 第 114 页。

ROSTOVTZEFF, M. I., *The Social and Economic History of the Hellenistic World*, réimpression, OXford, 1941. P. 114.

33. A. 卢塞勒:

《卖淫: 从对肉体的控制到对感受的剥夺 (公元 2—4 世纪)》, 巴黎, 法国大学出版社, 1963 年, 第 141、174 页。

ROUSSELLE, A., *Porneia. De la maîtrise du corps à la privation sensorielle. IIe-IVe siècles de l'ère chrétienne*, Paris, P.U.F., 1963. Pp. 141, 174.

34. F.H. 桑德巴克:

《斯多葛派》, 伦敦, 1975 年, 第 73、114 页。

SANDBACH, F. H., *The Stoics*, Londres, 1975. Pp. 73, 114.

35. J. 斯卡尔博胡希：

《罗马医学》，伊萨卡，1969 年，第 135 页。

SCARBOROUGH, J., *Roman Medicine*, Ithaca, 1969. P. 135.

36. M. 斯潘勒特：

《埃比克泰德》，载《古代和基督教专科全书》，1962 年，第 66 页。

SPANNEUT, M., «Epiktet», in *RealleXikon für Antike und Christentum*, 1962. P. 66.

37. C.G. 斯塔尔：

《罗马帝国》，牛津，1982 年，第 116 页。

STARR, C. G., *The Roman Empire*, OXford, 1982. P. 116.

38. R. 西姆：

《罗马论集》，牛津，1979 年，第 116 页。

SYME, R., *Roman Papers*, OXford, 1979. P. 116.

39. H. 泰斯勒费：

《希腊化时期毕达哥拉斯学派著述导论》（收在《人道》中，24，3，Abo，1961 年）和《希腊化时期毕达哥拉斯学派的文本》（收在《阿博安西斯学术论集》中，ser.A, vol.30, n.1），第 198 页。

THESLEFF, H., *An Introduction to the Pythagorean Writings of the Hellenistic Period* (*Humaniora*, 24, 3, Abo, 1961). P. 198.

The Pythagorean Texts of the Hellenistic Period (*Acta Academiae Aboensis*, ser. A, vol. 30, n° 1). P. 198.

40. Cl. 瓦丁：

《对希腊化时代婚姻和已婚妇女的处境的研究》，巴黎，德·博卡尔，1970 年，第 100—101、105—106 页。

VATIN, Cl., *Recherches sur le mariage et la condition de la femme mariée à l'époque hellénistique*, Paris, De Boccard, 1970. Pp. 100-101, 105-106.

41. P. 维尼:

《罗马的爱情》，载《E.S.C. 年鉴》，1978 年，1，第 101—103、106 页。

VEYNE, P. «L'amour à Rome», *Annales E.S.C.*, 1978, 1. Pp. 101-103, 106.

42. A.J. 伏埃尔克:

《从亚里士多德到帕纳蒂乌斯的希腊哲学中与他人的关系》，巴黎，维林，1969 年，第 58 页。

VOELCKE, A. J., *Les Rapports avec autrui dans la philosophie grecque, d'Aristote à Panétius*, Paris, Vrin, 1969. P. 58.

43. Th. 扎恩:

《斯多葛主义者埃比克泰德及其与基督教的关系》，1894 年，第 312 页。

ZAHN, Th., *Der stoiker Épiktet und sein Verhältnis zum Christentum*, Erlangen, 1894. P. 312.

人名译名对照表

C. 阿尔比特　C.Allbut

安提封　Antiphon

安蒂帕特　Antipater

安蒂斯泰尼　Antisthène

安蒂洛斯　Antyllos

阿皮勒　Apulée

卡帕道斯的阿尔泰　Arétée de
　Cappadoce

阿里斯蒂德　Aristide

阿里斯托芬　Aristophane

亚里士多德　Aristotelēs

阿尔泰米多尔　Artémidore

阿泰内　Athénée

奥本格　Aubenque, P.

圣奥古斯丁　Augustin, saint,

奥鲁-热勒　Aulu-Gelle

马克·奥勒留　Marc Aurèle

D. 巴布　D.Babut

巴斯铎　Basedow

C.A. 贝尔　C.A.Behr

H.D. 贝兹　H.D.Betz

比纳　Binet

R. 布洛克　R.Bloch

A. 邦豪夫　A.Bonhöffer

鲍斯维尔　Boswell, J.

布尔纳维勒　Bourneville

G.W. 鲍威索克　G.W.Bowersock

布里松　Brisson

J.-P. 布鲁德胡克斯　J.-P.
　BroudehouX

F. 布菲耶　F.Buffière

布拉尔　J.Bulard

G. 冈纪伦　G.Canguilhem

康帕　Campe

迪翁·卡西乌斯　Dion Cassius

塞尔斯　Celse

夏尔科　Charcot

阿芙罗狄西亚斯的夏里
　顿　Chariton d'Aphrodisias

西塞罗　Cicéron

亚历山大的克莱芒　Clément
　d'AleXandrie

孔多塞　Condorcet

J.A. 克鲁克　J.A.Crook

居居发　Cucufa

多维尔内　H.Dauvergne

德克尔　Dekker

德谟斯泰尼　Démosthène

狄德罗　Diderot

迪奥克勒　Dioclès

朵拉　Dora

多维　K.J.Dover

杜比　G.Duby

克拉夫特–埃平　Kraft-Ebiny

哈维洛克·埃里斯　Havelock Ellis

埃比克泰德　Epictète

伊壁鸠鲁　Epicure

伊拉斯谟　Erasme

埃施尼　Eschine

欧里庇德斯　Euripide

J. 费尔古松　J.Ferguson

A.-J. 费斯蒂耶尔　A.-J.Festugière

弗莱斯　Fraisse

弗洛伊德　Freud

弗兰德林　J.L.Flandrin

J. 伽热　J.Gagé

伽利安　Galien

伽尔尼耶　Garnier

日尔松　Gerson

歌德　Goethe

M. 格兰特　M.Grant

A. 格里利　A.Grilli

P. 格里马勒　P.Grimal

R. 范·高罗佩　R.Van Gulik

阿多　Hadot

Th. 哈格　Th.Hagg

海因里希·卡恩　Heinrich Kaan

埃里奥多尔　Héliodore

赫伯特　C.J.Herbert

希耶罗克勒　Hiéroclès

B.L. 黑基曼斯　B.L.Hijmans

希波克拉底　Hippocrate

伊索克拉底　Isocrate

诺里　H.Joly

茹伊　Jouy

朱斯基　J.von Justi

凯特　Kate

A.H.M. 克塞尔斯　A.

　　H.M.Kessels

拉塞　W.K.Lacey

拉杜塞特　Ladoucette

第欧根尼·拉尔修　Diogène Laërce

拉色格　Lasegue

劳伦斯　D.H.Lawence

兰茨　Lenz

莱斯克　E.Leski

J.H. 利伯舒兹　J.H.Liebeschutz

阿尔芬斯·德·利古奥

　　里　Alphonse de Liguori

吕西安　Lucien

C. 鲁兹　C.Lutz

里西亚斯　Lysias

R. 麦克米利安　R.Macmullen

马尔萨斯　Malthus

芒戈古勒　Mangogul

马纽利　P.Manuli

斯蒂芬·马尔库斯　Stephen Marcus

卡尔·马克思　Karl MarX

M. 梅斯林　M.Meslin

莫奥　Moheau

莫里哀　Molière

摩勒　Molle

J.T. 路南　J.T.Noonam

诺斯　H.North

奥里巴斯　Oribase

奥维德　Ovide

埃热尼的保罗　Paul d'Egine

费洛德姆　Philodème

弗洛斯特拉特　Philostrate

杰克·皮尧德　J.Pigéaud

品洛克　A.Pinloche

普兰德林　Plandrin

柏拉图　Platon

（古代的）普林尼　Pline l'Ancien

小普林尼　Pline le jeune

普鲁塔克　Plutarque

帕默罗伊　Pomeroy

波菲利　Porphyre

布耶　Pouillet

普罗贝尔斯　Properce

迪翁·德·普鲁斯　Dion de Pruse

普芬道夫　S.Pufendorf

魁奈　Quesnay

昆体良　Quintilien

赖希　Reich

罗莱德　Rohleder

罗里纳　Rollinat

J. 德·罗米利　Romilly

M.I. 罗斯托夫采夫　M.I.Rostovtzeef

A. 卢塞勒　A.Rousselle

埃费斯的鲁弗斯　Rufus d'Ephèse

穆索尼乌斯·鲁弗斯　Musonius Rufus

萨德　D.A.de Sade

弗朗斯瓦·德·萨勒　Francois de Sales

萨尔佩特里耶　Salpetrière

斯尔茨曼　Saltzmann

桑切兹　Sanchez

F.H. 桑德巴克　F.H.Sandbach

J. 斯卡尔博胡希　J.Scarborouch

舒美尔　J.Schummel

塞涅里　P.Segneri

演说家塞涅卡　Sénèque le Rhéteur

W.D. 史密斯　W.D.Smith

索拉努斯　Soranus

M. 斯潘勒特　M.Spanneut

斯塔西　Stace

C.G. 斯塔尔　C.G.Starr

苏斯米尔西　Sussmilch

R. 西姆　R.Syme

西涅西奥斯　Synesios

汤布里尼　Tamburini

塔尔迪厄　A.Tardieu

阿基勒·塔蒂乌斯　Achille Tatius

H. 泰斯勒费　Thesleff

马克西姆·德·蒂尔　MaXime de Tyr

CI. 瓦丁　CI.Vatin

J.-P. 韦尔南　J.-P. Vernant

P. 维尼　P.Veyne

A.J. 伏埃尔克　A.J.Voelcke

威斯特福　Westphal

伏尔克　Wolke

色诺芬　Xénophon

Th. 扎恩　Th.Zahn

译后记

本书是根据法国伽利玛出版社出版的三卷本的《性经验史》(Histoire de la sexualité: vol.1, "La Volonté de savoir", Gallimard, 1976; vol.2, "L'Usage des plaisirs", Gallimard, 1984; vol.3, "Le Souci de soi", Gallimard, 1984) 译出的。作者米歇尔·福柯是当今颇受争议的哲学家，但是在西方传统文化方面却素养很深。《性经验史》一书充分表明了他对古希腊—罗马文化、基督教—现代文化的研究和对原始材料的选择是极为细致的。其中一些术语令人费解，兹说明如下：

1. "la sexualité" 和 "le sexe"：在法文中，这两个术语皆指"性""性欲"和"性别"等。但是，福柯在《性经验史》中对它们有严格的区分。在第二卷《快感的享用》中，他是这样定义"la sexualté"的："'la sexualité'这一术语的出现相当晚，最早可溯至 19 世纪。这一事实既不应该被低估，也不应该被夸大。它指的当然不是词语的转换。但是这不意味着它的相关对象是突然出现的。'la sexualité'一词的用法是在与其他一些现象的关系中被建立起来的：不同知识领域的发展（包括再生的生物机械论和行为的个体变种或社会变种）；一整套规则和规范的建立，部分是传统的，部分是全新的，它所依靠的是各种宗教的、法律的、教育的和医学的制度；个体赋予自己的行为、职责、快乐、情感和感觉、梦象以意义和价值的方式所发生的变化。总之，它指的是，要搞清楚一种'经验'在现代西方社会中是怎样构成的，如个体发觉自己是'une sexualité'的主体。这种经验是向各种迥然不同的知识领域开放的，而且它的表达也有一套规则和约束。因此，如果大家把这一经验理解成文化中知识领域、规范形态和主体性形式之间的相关性，那么我们的计划就是研究性作为经验的历史。"（《性经验史》，第二卷"快感的享用"，伽利玛出版社，1984年，第9—10页）据此，我把"la sexualité"译成"性经验"，而把"le sexe"译成"性"或"性欲"。同时，我也把书名"Histoire de la sexualité"译成"性经验史"。

2. "le dispositif"和"le mécanisme"：前者指的是"展开"和"分布"，我们在不同情况下把它译成"配置"、"展开"和"分布"。后者指的是"机制"。其实，前者有时也可译为"机制"，我在不同场合下进行了不同的处理，这里不一一说明了。

3. "la pratique"：在希腊—罗马时代，它指的是"德性实践"，类似于中国古代哲学中的"修养"，旨在培养全面发展的个人。但是，自资本主义问世以来，随着劳动分工的日益细密，"la pratique"也失去了它的"完整性"，分裂成各种不同领域里的具体实践。在本书中，福柯是在第一种意义上使用这个词的，我在不同的场合下分别把它译成"实践"或"修养"。

福柯的《性经验史》曾分别被收入伽利玛出版社的"Bibliothéque des Histoires"（历史丛书）和"Tel"（如是丛书），内容完全一致，但是页码顺序不同。中译本中所标出的原书页码是以"Tel"（如是丛书）为准的，请读者注意。

本书的翻译始自1998年12月。其间曾就一些翻译难点与比利时鲁汶大学Jacques TaminiauX、法国巴黎第四大学Raymond Boudon等人进行了讨论，得到了他们的热情帮助。全书译成后，责任编辑顾兆敏先生仔细审阅了全稿，其一丝不苟的工作精神令人难忘，也为本书增色不少。

佘碧平

1999年10月10日于复旦大学

图书在版编目(CIP)数据

性经验史. 第 3 卷,自我的关心/(法)米歇尔·福
柯(Michel Foucault)著;佘碧平译. —上海:上海
人民出版社,2022
ISBN 978 - 7 - 208 - 17770 - 3

Ⅰ. ①性… Ⅱ. ①米… ②佘… Ⅲ. ①性学-研究
Ⅳ. ①C913.14

中国版本图书馆 CIP 数据核字(2022)第 125343 号

责任编辑　赵　伟
装帧设计　林　林

性经验史第三卷:自我的关心
［法］米歇尔·福柯　著
佘碧平　译

出　　版　上海人&大出版社
　　　　　　(201101　上海市闵行区号景路 159 弄 C 座)
发　　行　上海人民出版社发行中心
印　　刷　上海盛通时代印刷有限公司
开　　本　850×1168　1/32
印　　张　9.5
插　　页　5
字　　数　186,000
版　　次　2022 年 8 月第 1 版
印　　次　2022 年 8 月第 1 次印刷
ISBN 978 - 7 - 208 - 17770 - 3/B·1633
定　　价　58.00 元

Histoire de la seXualité

Vol.3 Le Souci de soi

de Michel Foucault

© Éditions Gallimard, 1984